工程质量提升与
建筑与市政工程施工现场专业人员能力提升培训教材

劳务管理
（劳务员适用）

中国建筑业协会　组织编写

中国建筑业协会中小企业与供应链分会　主　编

中国建筑工业出版社

图书在版编目（CIP）数据

劳务管理 ：劳务员适用 / 中国建筑业协会组织编写 ；
中国建筑业协会中小企业与供应链分会主编. -- 北京 ：
中国建筑工业出版社，2025. 7. --（工程质量提升与管
理创新系列丛书）（建筑与市政工程施工现场专业人员能
力提升培训教材）. -- ISBN 978-7-112-31252-8

Ⅰ. F407. 941

中国国家版本馆CIP数据核字第2025QF1228号

本套丛书以岗位职责为基础，以工序为线索，突出问题导向，梳理各岗位实际工作中容易产生的问题、痛点、难点；结合相关施工技术的国家标准、行业标准以及企业要求，分析各项质量通病、工作失误等产生的原因；并给出防治经验和措施，使质量通病防治更加标准化、形象化、具体化，减少工作失误，切实提升施工现场专业人员职业能力，保证工程质量安全和施工效率。《劳务管理（劳务员适用）》为工程建设领域的劳务管理工作者、职业院校相关专业师生提供一个全面了解建筑劳务管理核心能力提升的教材，帮助他们掌握劳务管理的专业知识和实践技能，培养他们的政策解读能力和创新管理能力。通过对本教材的学习，读者将能够深入了解劳务管理的基本理论、工作内容及工作流程、政策法规以及数字化转型的前沿动态，为构建更加规范、高效、和谐的劳务管理环境奠定坚实基础。

丛书策划：高延伟　李　杰　葛又畅
责任编辑：李　慧　葛又畅　李　杰
责任校对：王　烨

工程质量提升与管理创新系列丛书
建筑与市政工程施工现场专业人员能力提升培训教材

劳务管理

（劳务员适用）

中国建筑业协会　组织编写
中国建筑业协会中小企业与供应链分会　主　　编

＊

中国建筑工业出版社出版、发行（北京海淀三里河路9号）
各地新华书店、建筑书店经销
北京鸿文瀚海文化传媒有限公司制版
鸿博睿特(天津)印刷科技有限公司印刷

＊

开本：787毫米×1092毫米　1/16　印张：12¾　字数：247千字
2025年7月第一版　2025年7月第一次印刷
定价：**62.00**元
─────────────────────────
ISBN 978-7-112-31252-8
（45271）

　　建筑与市政工程施工现场专业人员（以下简称施工现场专业人员）是工程建设项目现场技术和管理关键岗位的重要专业技术人员，其人员素质和能力直接影响工程质量和安全生产，是保障工程安全和质量的重要因素。为进一步完善施工现场专业人员能力体系，提高工程施工效率，切实保证工程质量，中国建筑业协会、中国建筑工业出版社联合组织行业龙头企业、地方学协会等共同编写了本套丛书，按岗位编写，共18个分册。为了高质量编写好本套丛书，成立了编写委员会，从2022年8月启动，先后组织了四次编写和审定会议，大家集思广益，几易其稿，力争内容适度，技术新颖，观点明确，符合施工现场专业技术人员能力提升需要。

　　各分册包括基础篇、提升篇和创新篇等内容。其中，基础篇介绍了岗位人员基本素养及工作流程，描述了本岗位应知、应会的知识；提升篇聚焦工作中常见的、易忽略的重（难）点问题，提出了前置防范措施和问题发生后的解决方案，实际指导施工现场工作；创新篇围绕工业化、数字化、绿色化等行业发展方向，展示了本岗位领域较为成熟、经济适用且推广价值高的创新应用。整套教材突出实用性和适用性，力求反映施工一线对施工现场专业人员的能力要求。在编写和出版形式上，对重要的知识难点或核心知识点，采用图文并茂的方式来呈现，方便读者学习和阅读，提高本套丛书的可读性和趣味性。

期望本套丛书的出版，能促进从业人员能力素质提升，助力住房和城乡建设事业实现高质量发展。编写过程中，难免有不足之处，敬请各培训机构、教师和广大学员，多提宝贵意见，以便进一步修订完善。

前言

　　劳务员是在房屋建筑与市政基础设施等工程建设施工现场，从事劳务管理计划、劳务人员资格审查与培训、劳动合同与工资管理、劳务纠纷处理等工作的专业管理人员。在建筑产业链条的施工环节，劳务员是在施工现场直接面向操作工人的基础管理岗位。

　　本教材的编写，以习近平新时代中国特色社会主义思想为指导，深入贯彻落实党的二十大和二十届二中、三中全会精神，紧紧围绕推动建筑业高质量发展这一首要任务，进一步强化劳务员核心知识、核心技能和创新能力，提升劳务员综合素质，打造政策水平高、业务管理能力过硬的劳务管理专门人才队伍。

　　本教材分为基础篇、提升篇、创新篇编写。基础篇主要从劳务员基本素养、劳务管理工作内容及流程、劳务管理重要政策解读方面讲述劳务员的核心知识；提升篇主要描述劳务管理工作难点及解析；创新篇主要讲解建筑劳务管理的数字化转型及相关案例。附录部分是具有单选、多选、判断、填空多种题型的一千多道建筑劳务管理复习思考题，有助于读者深入理解和掌握本教材的内容。

　　本教材适用于工程建设领域各类型企业中从事劳务管理的工作者学习劳务管理知识、提升劳务管理核心能力，也可作为职业院校相关专业师生的阅读教材，也是读者参加劳务员岗位考试、项目管理和劳务管理知识竞赛的重要参考资料。

　　本教材在编写过程中得到中国建筑业协会、中建协兴国际工程咨询有限公司、中国建筑第八工程局有限公司、中国建筑第七工程局有限公司、中国建筑第四工程局有限公司、中国建筑第二工程局有限公司、中国建筑一局（集团）有限公司、北京建工集团有限责任公司、北京城建集团有限责任公司、云南建投第二安装工程有限公司、北京鲁班工匠科技有限公司、深圳市恒天吉科技技术发展有限公司、湖南天班班之家信息科技有限公司、鲁班用工（山东）人力资源产业园有限公司、中国建筑出版传媒有限公司等单位专家的支持和帮助，陕西省建筑劳务协会副会长陈宝斌、中国石化工程建设有限公司高级工程师郭中华、中国建筑第八工程局有限公司黄超、刘心峤、陈小平、赵凌燕、邓青林、吴家琦、周梦琦、王永亚等协助完成附录内容，本教材编写过程中，我们参考了相关专家的观点和研究成果，在此一并深表谢意！

　　限于编者水平，书中疏漏和错误在所难免，敬请读者批评指正。

                                        编者

目录

基础篇

提升篇

创新篇

基础篇

第1章　劳务员基本素养

在建设工程项目管理过程中，劳务员是具有多维度知识和复合型能力的人才，既要懂工程项目管理又要懂施工技术、数字化技术、工程经济和工程法律知识，还要具有良好的职业道德素质。

在岗位职责上，劳务员应全面开展和实施劳务管理计划、劳务企业和建筑工人资格审查、劳务培训、劳动合同管理、劳务纠纷处理、劳务资料管理等工作，及时掌握国家有关工程建设劳务管理方面的法律法规和政策，整理分析劳务管理信息资料。

1.1　统一要求

劳务员应在职业资历、岗位知识、工作能力、专业技术能力及个人品行五个方面满足工程建设管理的需要。

1. 职业资历：包括学历，职称，工龄等。学历是履行岗位职责所要求的最低文化水平；职称是履行岗位职责所要求的最低专业技术或管理职务；工龄是能胜任岗位所需要的工作经历。

2. 岗位知识：熟悉与本岗位相关的标准和管理规定；熟悉劳动定额的基本知识；熟悉劳动力需求计划编制方法；熟悉劳务需求的统计计算方法；熟悉劳务分包管理的基本知识；熟悉实名制管理的相关规定；掌握劳动合同、工资支付和权益保护的基本知识；熟悉劳动保护的相关规定；掌握劳务纠纷的常见形式、调解程序和方法。

3. 工作能力：包括组织管理能力、实名制管理能力、教育培训能力、权益保障能力、沟通协调能力、纠纷处理能力。

4. 专业技术能力：专业技术基础能力、专业技术应用能力、独立完成职责范围内事项处理能力等。

5. 个人品行：遵守法律法规、标准和管理规定；热爱本职工作、树立正确的价值观；具有社会责任感和良好的职业操守、诚实守信、严谨务实、团结协作；

具有协调、处理复杂矛盾、纠纷的能力和心理素质；具有终生学习理念，不断学习新知识、新技能。

1.2 岗位要求

1.2.1 工作职责

劳务员是工程项目管理团队中的重要成员，在整个工程建设过程中承担一个先行者的角色，参与工程项目开工前的劳务分包招标投标，负责建筑工人进场前的资格审查、劳务培训、施工过程的劳务状态预警、劳务工资支付的监控、劳务纠纷的处理等职责（表1-2-1）。

劳务员工作职责 表1-2-1

项次	分类	主要工作职责
1	劳务管理计划	（1）参与制订劳务管理计划。 （2）参与组建项目劳务管理机构。 （3）参与制定劳务管理制度
2	资格审查	（1）负责验证劳务分包队伍资质，办理登记备案。 （2）负责审核劳务人员身份、资格，办理登记备案。 （3）参与劳务分包合同签订。 （4）负责对劳务队伍现场施工管理情况进行考核评价
3	劳务培训	（1）参与组织劳务人员培训。 （2）参与劳务人员培训效果考评
4	劳动合同管理	（1）参与或监督劳务人员劳动合同的签订、变更、解除、终止等工作。 （2）参与或监督劳务人员社会保险的办理。 （3）负责或监督劳务人员进出场及用工管理。 （4）负责劳务结算资料的收集整理，参与劳务费的结算。 （5）参与或监督劳务人员工资支付，负责劳务人员工资公示及台账的建立
5	劳务纠纷处理	（1）参与编制、实施劳务纠纷应急预案。 （2）参与调解、处理劳务纠纷。 （3）参与处理工伤事故及善后事项
6	劳务资料管理	（1）负责编制劳务队伍和劳务人员管理资料。 （2）负责汇总、整理、移交劳务管理资料

1.2.2 专业能力

专业能力是指通过学习训练掌握的，运用相关知识完成专业工作任务的能力。

劳务员应注重日常的学习，不断丰富完善自己的知识结构，不断实践，提高自身专业能力。在工程项目实施过程中，熟悉国家的法律法规、工程项目管理、施工工艺等标准文件，施工图纸读识、工程材料等基本知识（表1-2-2）。

劳务员应具备的专业知识　　　　　　　　　　　　表 1-2-2

项次	分类	专业知识
1	通用知识	（1）熟悉国家工程建设相关法律法规。 （2）了解工程材料的基本知识。 （3）了解施工图识读的基本知识。 （4）了解工程施工工艺和方法。 （5）熟悉工程项目管理的基本知识
2	岗位知识	（1）熟悉与本岗位相关的标准和管理规定。 （2）熟悉劳动定额的基本知识。 （3）熟悉劳动力需求计划编制方法。 （4）掌握劳务分包管理的基本知识。 （5）掌握劳动合同、工资支付和权益保护的基本知识。 （6）熟悉劳务用工的实名制管理。 （7）掌握劳务纠纷常见形式、调解程序和方法。 （8）了解社会保险的基本知识

1.3　基础知识

1.3.1　劳务员应熟悉的流动人口管理和劳动保护的相关规定

1. 熟悉流动人口管理的相关规定：流动人口的合法权益、流动人口的从业管理、地方政府部门对流动人口管理的职责。

2. 熟悉劳动保护的相关规定：劳动保护内容的相关规定、劳动保护措施及费用的相关规定、劳动争议与法律责任。

1.3.2　劳务员应掌握的信访工作的基本知识

1. 信访工作组织与责任。

2. 信访渠道与事项的提出与受理。

3. 信访事项的办理。

1.3.3　劳务员应了解的人力资源开发及管理的基本知识

1. 人力资源开发与管理的基本原理：人力资源管理的理论基础；人力资源规

划的定义、原则和内容。

2.绩效与薪酬管理：绩效管理的内容和方法；薪酬管理的目标、内容、类型。

3.人员招聘与动态管理：人员招聘的程序、原则、渠道；人员的内部流动管理及流出管理。

4.人员培训：培训的组织和形式；培训的内容。

1.3.4　劳务员应了解的财务管理的基本知识

1.成本与费用：成本与费用的关系；工程成本的范围；期间费用的范围。

2.收入与利润：收入的分类；工程合同收入的计算；利润的计算与分配。

1.4　熟悉工程建设法律法规

劳务员需重点掌握《劳动法》《劳动合同法》《保障农民工工资支付条例》《建筑工人简易劳动合同（示范文本）》《建筑劳务管理标准》等法律法规和标准。

劳务员需要了解《民法典》《招标投标法》等建设工程相关法律法规知识。

1.5　熟练使用相关办公软件

劳务员需熟练使用 Office 等办公软件，包括 Excel、Word、PPT、Visio 等办公工具，灵活进行数据分析处理。

第2章 劳务管理工作内容及流程

2.1 劳务管理计划

劳务管理计划是企业劳务管理人员根据企业自身施工生产需要和劳动力市场供需状况所制定的，从数量和质量方面确保施工进度和工程质量所需劳动力的筛选、引进和管理的计划。

1.劳务管理计划的主要内容。劳务管理计划应围绕国家、地方政府行政部门对施工企业及劳务分包管理规定和企业（项目）的施工组织设计要求，制定具体工程项目所需劳动力的审核、筛选、组织、培训以及日常监督管理计划，主要包括：

（1）劳务用工人员的配备计划。劳务用工人员的配备计划是指根据工程项目的开工、竣工日期和施工部位及工程量，拟定具体施工作业人员的工种、数量以及筛选、组织劳动力进场或调剂的具体时间、渠道和措施。

（2）劳务人员教育培训计划。劳务人员教育培训计划是指对参与项目施工人员进行安全、质量和文明施工教育培训的措施安排。

（3）劳务人员考核计划。劳务人员考核计划是指对分包企业的分包合同的履约情况、管理制度的建立健全及执行情况、劳动合同签约情况以及劳务人员的工资发放情况等劳动用工行为的考核办法和措施安排。

（4）劳务用工应急预案。劳务用工应急预案是指施工现场劳动力短缺、停工待料、劳动纠纷等突发事件处理的应急措施。

2.劳务管理的过程。一般而言，劳务管理的过程从劳务分包招标开始，经历确定劳务作业队伍、签订劳务分包合同、办理劳务合同备案、实名验证劳务人员资格、劳务作业人员进场、劳务作业过程管理、劳务费用结算与支付、劳务作业人员退场等过程。

3.劳务管理计划的实施要求。通过实施劳务管理计划，检查是否符合或达到以下要求：

（1）通过劳务管理计划的实施，掌握企业用工需求变化，合理组织和调剂工程所需劳务队伍，确定劳务队伍和施工作业人员引进渠道、进退场时间，从施工作业人员的数量和质量上为企业实现预定目标提供保证。

（2）通过劳务管理计划的实施，使劳务队伍的审核、考察和进场的教育培训和生活后勤管理工作更具有针对性。

（3）通过劳务管理计划的实施，使劳务队伍的日常劳务管理工作更加规范。

2.2　劳务分包管理

2.2.1　劳务分包招标管理

1. 劳务分包项目招标应当具备下列条件：

（1）工程预算已经批准；

（2）工程项目已具备开工条件；

（3）工程项目施工需要大量劳动力进场，做施工准备；

（4）工程施工所需要的建设资金已经落实。

2. 劳务分包作业招标可采用直接发包、公开招标、邀请招标的方法，将建设工程的劳务作业承包给具有施工能力或资质的专业作业企业，由其对施工现场的劳务作业人员进行管理。

2.2.2　劳务分包投标管理

投标人应向招标单位提交以下材料：

（1）企业营业执照和资质证书；

（2）企业简历；

（3）企业自有资金情况及盈利能力；

（4）职工人数（包括技术工人数）；

（5）各种上岗证书情况；

（6）企业自有主要机械设备情况；

（7）承建的主要工程及其质量情况；

（8）其他。

2.2.3　劳务分包合同管理

1. 合同的签订

（1）承接施工劳务时，应按发包方的招标文件规定签订劳务分包合同，发包人直接发包劳务作业的，应当在劳务人员进入施工现场前与发包方订立劳务分包合同。

（2）劳务分包合同应当采用书面形式订立，由双方企业法定代表人或授权委托人签字并加盖企业公章。

2. 劳务分包合同应当明确以下主要内容：

（1）发包人、承包人的单位全称；

（2）工程名称、工程地点、劳务作业承包范围及内容、质量标准、劳务分包合同价款；

（3）合同工期、质量安全、文明施工及调整的要求；

（4）劳务分包合同价款、劳务工资结算和支付方式、时限及保证按时支付的相应措施；

（5）劳务分包合同价款调整标准，调整的依据及程序；

（6）劳务发包人、劳务分包人的权利和义务；

（7）材料、施工机具保管责任；

（8）施工现场及劳务作业人员的管理要求；

（9）索赔、违约责任、争议的解决方式；

（10）不可抗力因素；

（11）发包人、承包人联系方式及发包方的项目经理、承包人的项目负责人的相关信息；

（12）其他。

3. 劳务分包合同不得包括大型机械、周转性材料租赁和主要材料采购内容；低值易耗材料可以由劳务分包企业采购。

4. 劳务分包合同签订后，不得进行转包。劳务分包企业可采取多种责任制形式组织实施分包工程。

5. 合同备案

劳务分包合同签订后，劳务发包人或承包人应服从项目所在地主管部门管理需要，履行必要的备案手续。

6. 合同履行

（1）合同依法签订后，合同双方必须按约定认真履行合同。若一方当事人有违约行为，另一方当事人应及时提出索赔。

（2）合同履行过程中，确需签订补充协议或变更、解除合同的，应及时按照有关程序办理。

7. 合同解除

发包人、承包人约定的合同解除条件具备时，双方应签订解除协议。解除协议签订后，现场范围内的施工劳务作业人员应按约定时间撤离现场。

2.3　劳务用工实名制管理

2.3.1　实名制管理职责

1. 建设单位在招标文件和建设工程合同中应明确建筑企业（或联合体）实施实名制管理的条款，并督促建筑企业（或联合体）落实所承包项目的实名制管理。

2. 建筑企业对工程项目建筑工人实名制管理负总责，建立实名制管理制度，明确相关管理责任。配备专（兼）职实名制管理员，负责现场作业人员实名制信息的登记、核实，搜集、归档相关实名制管理资料，向上级管理机构上传相关实名制管理信息。

3. 建筑企业应制定建筑工人实名制管理制度，落实合同中约定的实名制管理义务。在项目经理部配备劳务员，负责劳务作业人员的日常管理，包括依法签订书面劳动合同，按规定办理工伤、养老等社会保险，按劳动合同约定发放工资，保障作业人员合法权益。

4. 建筑企业应及时对建筑工人信息进行采集、核实，建立实名制管理台账，并按时将考勤表、工资发放表、各类台账等实名制管理资料提交上级主管机构备案。

5. 工程监理企业应审查建筑企业实名制实施方案，对工程项目实名制实施情况进行审查，并在监理日志中予以记录。

2.3.2　实名制管理的内容

1. 进场管理

（1）施工劳务企业应在进场施工前将劳务作业人员花名册、身份证资料、劳动合同、交纳各种保证金明细单据、用工制度、工资分配制度、社保证明等资料提交建筑企业项目经理部查验。

（2）建筑企业项目经理部应对经查验合格的劳务作业人员进行进场教育、考核，审查进场人员身体状况。对考核合格、健康状况符合要求的劳务作业人员，通过读取身份证等方式，为其办理"劳务人员实名制管理卡"。

2. 实名制过程管理

（1）项目经理部应设置门禁系统，劳务人员须持"劳务人员实名制管理卡"进出施工现场。

（2）施工劳务企业经理应做好逐日考勤记录，记录劳务作业人员出勤和变更情况，按月向建筑企业项目部提交更新后的人员花名册、人员考勤表和工资发放表。建筑企业应对施工劳务作业企业提交的人员花名册、人员考勤表和工资发放表进行审核、备案，并建立劳务人员进出场登记制度和考勤计量、工资支付等管理台账，实时掌握施工现场用工及其工资支付情况，不得以包代管。

（3）施工劳务企业应按照劳动合同约定按月足额支付工资给劳务作业人员本人，并经其本人签字确认。建筑企业应监督劳务作业企业工资发放，张榜公示发放结果。在项目经理部设立专柜妥善保存工资支付书面记录等资料，资料需保存两年以上备查。

（4）劳务作业人员离场应办理离场手续。施工劳务企业应结清并支付劳务作业人员全部工资，收回并注销"劳务人员实名制管理卡"，向建筑企业报备。

2.3.3　实名制管理信息化

1.建筑企业应按住房和城乡建设部的要求，建立"建筑工人实名制管理平台"（以下简称"平台"），通过"平台"实现建筑施工现场劳务作业人员的信息化管理。

2."平台"应遵循统一规划、统一平台、统一标准、统一数据的原则进行开发建设，能在全国范围内与其他相关平台实现数据共享。

3."平台"内容应包含建筑工人基本信息、劳动合同签订情况、培训情况、职业技能、从业记录、诚信评价情况等方面的信息并具备各类数据统计分析的功能。

2.4　劳务用工培训管理

在劳务作业人员进入新的岗位、新的施工现场或者建筑企业采用了新技术、新工艺、新材料、新设备时，应当对劳务作业人员进行相应的安全生产教育培训，未经教育培训或者教育培训考核不合格的人员，不得上岗作业。

2.4.1　培训内容

1.建筑企业对劳务用工的培训内容应该包括：
（1）政策、法律法规和知识培训；
（2）安全生产和工程质量知识培训；
（3）基本技能和技术操作规程培训；
（4）职业道德和生活常识培训。
2.建筑企业应采用农民工夜校、班前会、交底会等方式对劳务作业人员开展培训。

2.4.2　培训计划

1.培训计划编制前应充分调查建筑企业的资源条件及劳务工人素质情况。

2.建筑企业应识别劳务作业人员培训需求，根据需要制定劳务培训计划。

3.培训计划应充分考虑人才培养的超前性及培训结果的不确定性。

4.培训计划的主要内容应该包括：

（1）培训的目标；

（2）培训的内容；

（3）培训的对象；

（4）培训的师资；

（5）培训的时间；

（6）培训的地点及培训的设施；

（7）培训的方式方法以及培训的经费。

2.4.3　培训实施

1.建筑企业对管理人员和劳务作业人员的培训每年不少于一次，其教育培训情况应记入个人工作档案。

2.落实劳务培训时间、地点、场地、师资、教材、资金等项目。

3.建筑企业应保障劳务用工教育培训经费，专款专用，同时要积极争取和落实专项资金的支持。

4.在培训实施过程中对培训现场进行综合管理，保障培训的顺利进行。

5.培训结束后对培训资料进行整理和归档。

6.对培训是否达到预期目标、培训计划是否具有成效等进行检查与评估，并将评估结果反馈给相关部门。

2.5　劳务资料管理

2.5.1　资料收集

1.资料员岗位职责。

（1）负责施工劳务企业内部与总承包建筑企业、监理单位、材料及设备供应单位和其他有关部门的文件及资料的收发、传达、管理等工作，应进行规范管理，做到及时收发、认真传达、妥善管理、准确无误。

（2）负责所涉及的工程图纸的收发、登记、传阅、借阅、整理、组卷、保管、移交、归档。

（3）参与施工生产管理，做好各类文件资料的及时收集、核查、登记、传阅、整理、保管等工作。

（4）负责施工资料的分类、组卷、归档、移交工作。

（5）及时检索和查询、收集、整理、传阅、保存有关工程管理方面的信息。

2. 劳务资料分类。

（1）证件资料；

（2）进度管理资料；

（3）安全管理资料；

（4）质量管理资料；

（5）合同管理资料；

（6）成本控制管理资料；

（7）信息管理资料；

（8）施工过程中协调管理资料。

3. 施工资料的收集及整理。

施工劳务企业的施工资料应以各施工过程中形成的重要资料为主进行收集、管理。一般可以分为几个阶段：

（1）工程施工前的资料收集、整理；

（2）施工过程中各分部工程资料的收集、整理；

（3）施工竣工验收阶段的资料收集、整理。

4. 工程施工前收集、整理资料。

开工前应收集的资料如下：

（1）施工组织设计资料；

（2）工程备案资料；

（3）施工图纸；

（4）各项证件资料。

5. 施工过程中各分部工程资料的收集及整理。

各分部工程资料一般包括：

（1）原材料、半成品、成品出厂质量证明与试验报告；

（2）施工试验报告；

（3）施工记录；

（4）预检记录、隐检记录；

（5）分部工程结构验收记录；

（6）技术交底；

（7）分项检验批验收记录；

（8）设计变更洽商记录。

6. 做好施工试验资料的收集与整理。

7. 做好施工记录及隐蔽工程检查记录。

8. 收集整理设计变更、洽商记录。

9. 认真做好分部工程质量验收记录。

10. 做好技术交底和施工日志记录。

2.5.2　资料归档

1.归档应符合下列规定：

（1）归档文件必须完整、准确、系统，能够反映工程建设活动的全过程。文件材料归档范围及质量必须符合相关要求。

（2）归档的文件必须经过分类整理，并应组成符合要求的案卷。

2.归档时间应符合下列规定：

（1）根据建设程序和工程特点，归档可以分阶段分期进行。

（2）施工劳务单位应当在任务完成时，工程竣工验收前，将自形成的有关工程档案向施工总承包单位归档。

3.施工劳务单位在收齐工程文件并整理立卷后，施工总承包单位应根据城建档案管理机构的要求对档案文件完整、准确、系统情况和案卷质量进行审查，审查合格后与施工总承包资料一起向建设单位移交。

4.工程档案一般不少于两套，一套由施工劳务单位保管，一套（原件）移交施工总承包单位。

5.施工劳务企业移交档案时，应编制移交清单，双方签字、盖章后方可交接。

6.凡设计、施工及监理单位需要向本单位归档的文件，应按国家有关规定和本规范的要求单独立卷归档。

2.5.3　资料保存

1.施工劳务企业应建立相应的档案保存管理制度。

2.施工劳务企业应安排专人管理工程档案。

3.施工劳务企业应将工程相关文件进行相应的分类，并编制相应的资料分类编码。

4.根据相应资料分类分别进行相应的资料保存时限管理。

5.施工劳务企业应做好相应的收发记录，并定期进行检查。

第3章 劳务管理重要政策解读

3.1 关于加快培育新时代建筑产业工人队伍的规定

2020 年 12 月 18 日，住房和城乡建设部等 12 部门印发《关于加快培育新时代建筑产业工人队伍的指导意见》（建市〔2020〕105 号）。主要内容如下：

党中央、国务院历来高度重视产业工人队伍建设工作，制定出台了一系列支持产业工人队伍发展的政策措施。建筑产业工人是我国产业工人的重要组成部分，是建筑业发展的基础，为经济发展、城镇化建设作出重大贡献。同时也要看到，当前我国建筑产业工人队伍仍存在无序流动性大、老龄化现象突出、技能素质低、权益保障不到位等问题，制约建筑业持续健康发展。为深入贯彻落实党中央、国务院决策部署，加快培育新时代建筑产业工人（以下简称建筑工人）队伍，提出如下意见。

一、总体思路

以习近平新时代中国特色社会主义思想为指导，全面贯彻党的十九大和十九届二中、三中、四中、五中全会精神，统筹推进"五位一体"总体布局和协调推进"四个全面"战略布局，牢固树立新发展理念，坚持以人民为中心的发展思想，以推进建筑业供给侧结构性改革为主线，以夯实建筑产业基础能力为根本，以构建社会化专业化分工协作的建筑工人队伍为目标，深化"放管服"改革，建立健全符合新时代建筑工人队伍建设要求的体制机制，为建筑业持续健康发展和推进新型城镇化提供更有力的人才支撑。

二、工作目标

到 2025 年，符合建筑行业特点的用工方式基本建立，建筑工人实现公司化、专业化管理，建筑工人权益保障机制基本完善；建筑工人终身职业技能培训、考核评价体系基本健全，中级工以上建筑工人达 1000 万人以上。

到 2035 年，建筑工人就业高效、流动有序，职业技能培训、考核评价体系完善，建筑工人权益得到有效保障，获得感、幸福感、安全感充分增强，形成一支秉承劳模精神、劳动精神、工匠精神的知识型、技能型、创新型建筑工人大军。

三、主要任务

（一）引导现有劳务企业转型发展。改革建筑施工劳务资质，大幅降低准入门槛。鼓励有一定组织、管理能力的劳务企业引进人才、设备等向总承包和专业承包企业转型。鼓励大中型劳务企业充分利用自身优势搭建劳务用工信息服务平台，为小微专业作业企业与施工企业提供信息交流渠道。引导小微型劳务企业向专业作业企业转型发展，进一步做专做精。

（二）大力发展专业作业企业。鼓励和引导现有劳务班组或有一定技能和经验的建筑工人成立以作业为主的企业，自主选择1—2个专业作业工种。鼓励有条件的地区建立建筑工人服务园，依托"双创基地"、创业孵化基地，为符合条件的专业作业企业落实创业相关扶持政策，提供创业服务。政府投资开发的孵化基地等创业载体应安排一定比例场地，免费向创业成立专业作业企业的农民工提供。鼓励建筑企业优先选择当地专业作业企业，促进建筑工人就地、就近就业。

（三）鼓励建设建筑工人培育基地。引导和支持大型建筑企业与建筑工人输出地区建立合作关系，建设新时代建筑工人培育基地，建立以建筑工人培育基地为依托的相对稳定的建筑工人队伍。创新培育基地服务模式，为专业作业企业提供配套服务，为建筑工人谋划职业发展路径。

（四）加快自有建筑工人队伍建设。引导建筑企业加强对装配式建筑、机器人建造等新型建造方式和建造科技的探索和应用，提升智能建造水平，通过技术升级推动建筑工人从传统建造方式向新型建造方式转变。鼓励建筑企业通过培育自有建筑工人、吸纳高技能技术工人和职业院校（含技工院校，下同）毕业生等方式，建立相对稳定的核心技术工人队伍。鼓励有条件的企业建立首席技师制度、劳模和工匠人才（职工）创新工作室、技能大师工作室和高技能人才库，切实加强技能人才队伍建设。项目发包时，鼓励发包人在同等条件下优先选择自有建筑工人占比大的企业；评优评先时，同等条件下优先考虑自有建筑工人占比大的项目。

（五）完善职业技能培训体系。完善建筑工人技能培训组织实施体系，制定建筑工人职业技能标准和评价规范，完善职业（工种）类别。强化企业技能培训主体作用，发挥设计、生产、施工等资源优势，大力推行现代学徒制和企业新型学徒制。鼓励企业采取建立培训基地、校企合作、购买社会培训服务等多种形式，解决建筑工人理论与实操脱节的问题，实现技能培训、实操训练、考核评价与现场施工有机结合。推行终身职业技能培训制度，加强建筑工人岗前培训和技能提升培训。鼓励各地加大实训基地建设资金支持力度，在技能劳动者供需缺口较大、产业集中度较高的地区建设公共实训基地，支持企业和院校共建产教融合实训基地。探索开展智能建造相关培训，加大对装配式建筑、建筑信息模型（BIM）等新兴职业（工种）建筑工人培养，增加高技能人才供给。

（六）建立技能导向的激励机制。各地要根据项目施工特点制定施工现场技能工人基本配备标准，明确施工现场各职业（工种）技能工人技能等级的配备比例要求，逐步提高基本配备标准。引导企业不断提高建筑工人技能水平，对使用高技能等级工人多的项目，可适当降低配备比例要求。加强对施工现场作业人员技能水平和配备标准的监督检查，将施工现场技能工人基本配备标准达标情况纳入相关诚信评价体系。建立完善建筑职业（工种）人工价格市场化信息发布机制，为建筑企业合理确定建筑工人薪酬提供信息指引。引导建筑企业将薪酬与建筑工人技能等级挂钩，完善激励措施，实现技高者多得、多劳者多得。

（七）加快推动信息化管理。完善全国建筑工人管理服务信息平台，充分运用物联网、计算机视觉、区块链等现代信息技术，实现建筑工人实名制管理、劳动合同管理、培训记录与考核评价信息管理、数字工地、作业绩效与评价等信息化管理。制定统一数据标准，加强各系统平台间的数据对接互认，实现全国数据互联共享。加强数据分析运用，将建筑工人管理数据与日常监管相结合，建立预警机制。加强信息安全保障工作。

（八）健全保障薪酬支付的长效机制。贯彻落实《保障农民工工资支付条例》，工程建设领域施工总承包单位对农民工工资支付工作负总责，落实工程建设领域农民工工资专用账户管理、实名制管理、工资保证金等制度，推行分包单位农民工工资委托施工总承包单位代发制度。依法依规对列入拖欠农民工工资"黑名单"的失信违法主体实施联合惩戒。加强法律知识普及，加大法律援助力度，引导建筑工人通过合法途径维护自身权益。

（九）规范建筑行业劳动用工制度。用人单位应与招用的建筑工人依法签订劳动合同，严禁用劳务合同代替劳动合同，依法规范劳务派遣用工。施工总承包单位或者分包单位不得安排未订立劳动合同并实名登记的建筑工人进入项目现场施工。制定推广适合建筑业用工特点的简易劳动合同示范文本，加大劳动监察执法力度，全面落实劳动合同制度。

（十）完善社会保险缴费机制。用人单位应依法为建筑工人缴纳社会保险。对不能按用人单位参加工伤保险的建筑工人，由施工总承包企业负责按项目参加工伤保险，确保工伤保险覆盖施工现场所有建筑工人。大力开展工伤保险宣教培训，促进安全生产，依法保障建筑工人职业安全和健康权益。鼓励用人单位为建筑工人建立企业年金。

（十一）持续改善建筑工人生产生活环境。各地要依法依规及时为符合条件的建筑工人办理居住证，用人单位应及时协助提供相关证明材料，保障建筑工人享有城市基本公共服务。全面推行文明施工，保证施工现场整洁、规范、有序，逐步提高环境标准，引导建筑企业开展建筑垃圾分类管理。不断改善劳动安全卫生标准和条件，配备符合行业标准的安全帽、安全带等具有防护功能的工装和劳动保护用品，制定统一的着装规范。施工现场按规定设置避难场所，定期开展安全应急演练。鼓励有条件的企业按照国家规定进行岗前、岗中和离岗时的职业健康检查，并将职工劳动安全防护、劳动条件改善和职业危害防护等纳入平等协商内容。大力改善建筑工人生活区居住环境，根据有关要求及工程实际配置空调、淋浴等设备，保障水电供应、网络通信畅通，达到一定规模的集中生活区要配套食堂、超市、医疗、法律咨询、职工书屋、文体活动室等必要的机构设施，鼓励开展物业化管理。将符合当地住房保障条件的建筑工人纳入住房保障范围。探索适应建筑业特点的公积金缴存方式，推进建筑工人缴存住房公积金。加大政策落实力度，着力解决符合条件的建筑工人子女城市入托入学等问题。

四、保障措施

（一）加强组织领导。各地要充分认识建筑工人队伍建设的重要性和紧迫性，强化部门协作、建立协调机制、细化工作措施，扎实推进建筑工人队伍建设。要强化建筑工人队伍的思想政治引领。加强宣传思想文化阵地建设，深化理想信念教育，培育和践行社会主义核心价值观，坚持不懈用习近平新时代中国特色社会主义思想教育和引导广大建筑工人。要按照《建筑工人施工现场生活环境基本配置指南》《建筑工人施工现场劳动保护基本配置指南》《建筑工人施工现场作业环境基本配置指南》（见附件）要求，结合本地区实际进一步细化落实，加强监督检查，切实改善建筑工人生产生活环境，提高劳动保障水平。

（二）发挥工会组织和社会组织积极作用。充分发挥工会组织作用，着力加强源头（劳务输出地）建会、专业作业企业建会和用工方建会，提升建筑工人入会率。鼓励依托现有行业协会等社会组织，建设建筑工人培育产业协作机制，搭建施工专业作业用工信息服务平台，助力小微专业作业企业发展。

（三）加大政策扶持和财税支持力度。对于符合条件的建筑企业，继续落实在税收、行政事业性收费、政府性基金等方面的相关减税降费政策。落实好职业培训、考核评价补贴等政策，结合实际情况，明确一定比例的建筑安装工程费专项用于施工现场工人技能培训、考核评价。对达到施工现场技能工人配备比例的工程项目，建筑企业可适当减少该项目建筑工人技能培训、考核评价的费用支出。引导建筑企业建立建筑工人培育合作伙伴关系，组建建筑工人培育平台，共同出资培训建筑工人，归集项目培训经费，统筹安排资金使用，提高资金利用效率。指导企业足额提取职工教育经费用于开展职工教育培训，加强监督管理，确保专款专用。对符合条件人员参加建筑业职业培训以及高技能人才培训的，按规定给予培训补贴。

（四）大力弘扬劳模精神、劳动精神和工匠精神。鼓励建筑企业大力开展岗位练兵、技术交流、技能竞赛，扩大参与覆盖面，充分调动建筑企业和建筑工人参与积极性，提高职业技能；加强职业道德规范素养教育，不断提高建筑工人综合素质，大力弘扬和培育工匠精神。坚持正确的舆论导向，宣传解读建筑工人队伍建设改革的重大意义、目标任务和政策举措，及时总结和推广建筑工人队伍建设改革的好经验、好做法。加大建筑工人劳模选树宣传力度，大力宣传建筑工人队伍中的先进典型，营造劳动最光荣、劳动最崇高、劳动最伟大、劳动最美丽的良好氛围。

3.2 关于保障农民工工资支付的相关规定

在《保障农民工工资支付条例》（国务院令第724号）中，第四章是对工程建设领域工资支付的特别规定，其主要内容如下：

第二十三条 建设单位应当有满足施工所需要的资金安排。没有满足施工所需要的资金安排的，工程建设项目不得开工建设；依法需要办理施工许可证的，相关行业工程建设主管部门不予颁发施工许可证。

政府投资项目所需资金，应当按照国家有关规定落实到位，不得由施工单位垫资建设。

第二十四条 建设单位应当向施工单位提供工程款支付担保。

建设单位与施工总承包单位依法订立书面工程施工合同，应当约定工程款计量周期、工程款进度结算办法以及人工费用拨付周期，并按照保障农民工工资按时足额支付的要求约定人工费用。人工费用拨付周期不得超过1个月。

建设单位与施工总承包单位应当将工程施工合同保存备查。

第二十五条 施工总承包单位与分包单位依法订立书面分包合同，应当约定工程款计量周期、工程款进度结算办法。

第二十六条 施工总承包单位应当按照有关规定开设农民工工资专用账

户，专项用于支付该工程建设项目农民工工资。

开设、使用农民工工资专用账户有关资料应当由施工总承包单位妥善保存备查。

第二十七条 金融机构应当优化农民工工资专用账户开设服务流程，做好农民工工资专用账户的日常管理工作；发现资金未按约定拨付等情况的，及时通知施工总承包单位，由施工总承包单位报告人力资源和社会保障行政部门和相关行业工程建设主管部门，并纳入欠薪预警系统。

工程完工且未拖欠农民工工资的，施工总承包单位公示30日后，可以申请注销农民工工资专用账户，账户内余额归施工总承包单位所有。

第二十八条 施工总承包单位或者分包单位应当依法与所招用的农民工订立劳动合同并进行用工实名登记，具备条件的行业应当通过相应的管理服务信息平台进行用工实名登记、管理。未与施工总承包单位或者分包单位订立劳动合同并进行用工实名登记的人员，不得进入项目现场施工。

施工总承包单位应当在工程项目部配备劳资专管员，对分包单位劳动用工实施监督管理，掌握施工现场用工、考勤、工资支付等情况，审核分包单位编制的农民工工资支付表，分包单位应当予以配合。

施工总承包单位、分包单位应当建立用工管理台账，并保存至工程完工且工资全部结清后至少3年。

第二十九条 建设单位应当按照合同约定及时拨付工程款，并将人工费用及时足额拨付至农民工工资专用账户，加强对施工总承包单位按时足额支付农民工工资的监督。

因建设单位未按照合同约定及时拨付工程款导致农民工工资拖欠的，建设单位应当以未结清的工程款为限先行垫付被拖欠的农民工工资。

建设单位应当以项目为单位建立保障农民工工资支付协调机制和工资拖欠预防机制，督促施工总承包单位加强劳动用工管理，妥善处理与农民工工资支付相关的矛盾纠纷。发生农民工集体讨薪事件的，建设单位应当会同施工总承包单位及时处理，并向项目所在地人力资源和社会保障行政部门和相关行业工程建设主管部门报告有关情况。

第三十条 分包单位对所招用农民工的实名制管理和工资支付负直接责任。

施工总承包单位对分包单位劳动用工和工资发放等情况进行监督。

分包单位拖欠农民工工资的，由施工总承包单位先行清偿，再依法进行追偿。

工程建设项目转包，拖欠农民工工资的，由施工总承包单位先行清偿，再依法进行追偿。

第三十一条　工程建设领域推行分包单位农民工工资委托施工总承包单位代发制度。

分包单位应当按月考核农民工工作量并编制工资支付表，经农民工本人签字确认后，与当月工程进度等情况一并交施工总承包单位。

施工总承包单位根据分包单位编制的工资支付表，通过农民工工资专用账户直接将工资支付到农民工本人的银行账户，并向分包单位提供代发工资凭证。

用于支付农民工工资的银行账户所绑定的农民工本人社会保障卡或者银行卡，用人单位或者其他人员不得以任何理由扣押或者变相扣押。

第三十二条　施工总承包单位应当按照有关规定存储工资保证金，专项用于支付为所承包工程提供劳动的农民工被拖欠的工资。

工资保证金实行差异化存储办法，对一定时期内未发生工资拖欠的单位实行减免措施，对发生工资拖欠的单位适当提高存储比例。工资保证金可以用金融机构保函替代。

工资保证金的存储比例、存储形式、减免措施等具体办法，由国务院人力资源社会保障行政部门会同有关部门制定。

第三十三条　除法律另有规定外，农民工工资专用账户资金和工资保证金不得因支付为本项目提供劳动的农民工工资之外的原因被查封、冻结或者划拨。

第三十四条　施工总承包单位应当在施工现场醒目位置设立维权信息告示牌，明示下列事项：

（一）建设单位、施工总承包单位及所在项目部、分包单位、相关行业工程建设主管部门、劳资专管员等基本信息；

（二）当地最低工资标准、工资支付日期等基本信息；

（三）相关行业工程建设主管部门和劳动保障监察投诉举报电话、劳动争议调解仲裁申请渠道、法律援助申请渠道、公共法律服务热线等信息。

第三十五条　建设单位与施工总承包单位或者承包单位与分包单位因工程数量、质量、造价等产生争议的，建设单位不得因争议不按照本条例第二十四条的规定拨付工程款中的人工费用，施工总承包单位也不得因争议不按照规定代发工资。

第三十六条　建设单位或者施工总承包单位将建设工程发包或者分包给个人或者不具备合法经营资格的单位，导致拖欠农民工工资的，由建设单位或者施工总承包单位清偿。

　　施工单位允许其他单位和个人以施工单位的名义对外承揽建设工程，导致拖欠农民工工资的，由施工单位清偿。

　　第三十七条　工程建设项目违反国土空间规划、工程建设等法律法规，导致拖欠农民工工资的，由建设单位清偿。

3.3　关于劳务品牌建设的规定

　　2021 年 8 月 24 日，人力资源和社会保障部、国家发展改革委等 20 部门印发《关于劳务品牌建设的指导意见》（人社部发〔2021〕66 号），主要内容如下：

　　劳务品牌具有地域特色、行业特征和技能特点，带动就业能力强，是推动产业发展、推进乡村振兴的有力支撑。为贯彻落实党中央、国务院全面推进乡村人才振兴决策部署，切实加强劳务品牌建设，现提出如下意见。

　　一、总体要求

　　（一）指导思想。以习近平新时代中国特色社会主义思想为指导，全面贯彻党的十九大和十九届二中、三中、四中、五中全会精神，围绕劳务品牌高质量发展，坚持市场化运作、规范化培育，强化技能化开发、规模化输出，实现品牌化推广、产业化发展，健全劳务品牌建设机制，塑造劳务品牌特色文化，扩大劳务品牌就业规模和产业容量，推动实现更加充分更高质量就业，满足人民群众对日益增长的美好生活需要，为全面推进乡村振兴、促进经济社会高质量发展提供强大助力。

　　（二）主要目标。力争"十四五"期间，劳务品牌发现培育、发展提升、壮大升级的促进机制和支持体系基本健全，地域鲜明、行业领先、技能突出的领军劳务品牌持续涌现，劳务品牌知名度、认可度、美誉度明显提升，带动就业创业、助推产业发展效果显著增强。

　　二、加强劳务品牌发现培育

　　（三）分类型发现劳务品牌。广泛开展摸底调查，掌握本地区劳务品牌数量、分布、特征等基本情况，针对性制定发展规划和建设方案，明确建设思路、发展方向和工作重点。对已形成相对成熟运营体系的劳务品牌，强化规范化管理服务，整合优化品牌资源，扩大市场影响力，推动做大做强做优。对具有一定知名度、从业人员规模较大，但还没有固定品牌名称的劳务产品，抓紧确定劳务品牌名称，聚力品牌化发展。对有一定从业基础，但技能特点不突出、分布较为零散的劳务产品，总结品牌特征，逐步引导形成劳务品牌。（人

力资源和社会保障部负责）

（四）分领域培育劳务品牌。聚焦新一代信息技术、高端装备、新材料、生物医药、新能源等战略性新兴产业，深入挖潜细分行业工种的用工需求，打造中高端技能型劳务品牌。瞄准家政服务、生活餐饮、人力资源、养老服务、商务咨询等急需紧缺现代服务业，打造高品质服务型劳务品牌。大力开发非物质文化遗产、特色手工艺、乡村旅游等文化和旅游产品及服务，打造文化和旅游类劳务品牌。对资源枯竭城市、独立工矿区等就业压力较大，以及国家乡村振兴重点帮扶县、易地扶贫搬迁安置区等脱贫人口、搬迁群众、农村留守妇女较多的地区，围绕制造业、建筑业、快递物流等就业容量大的领域，打造民生保障型劳务品牌。（国家发展改革委、工业和信息化部、民政部、人力资源和社会保障部、住房和城乡建设部、农业农村部、文化和旅游部、国家乡村振兴局按职责分工负责）

（五）建立重点劳务品牌资源库。组织政府部门、企事业单位及行业协会、商会等社会组织，根据带动就业人数较多、技能产品特色明显、市场知名度高等特点，共同确定本地区劳务品牌建设重点项目，形成指导目录，实施动态管理。广泛动员各类培训机构、就业服务机构、创业孵化机构、咨询指导机构，为重点劳务品牌建设提供支撑。（人力资源和社会保障部负责）

三、加快劳务品牌发展提升

（六）提高技能含量。鼓励各类培训机构、职业院校开展劳务品牌相关职业技能培训，按规定纳入补贴性职业技能培训范围。完善劳务品牌相关职业技能等级认定、专项职业能力考核等多元化评价方式，按规定对经评价合格的从业人员发放相应职业资格证书、职业技能等级证书或专项职业能力证书。加强劳务品牌技能带头人培养，建设一批技能大师工作室、专家工作室，打造具有一流水准、引领行业发展潮流的劳务品牌高技能人才培养基地，对符合条件的给予高技能人才培养补助。鼓励有条件的院校围绕"一老一小"等民生紧缺领域开办相关专业。对符合条件的高技能人才同等落实职称评聘、选拔培养奖励项目等当地人才政策。（教育部、人力资源和社会保障部按职责分工负责）

（七）扩大就业规模。多形式开展劳务品牌从业人员就业推荐活动，加强用工信息对接，促进精准供需匹配。加强劳务协作，采取区域间定向输出、企业直接吸纳等方式，建立健全劳务品牌长期稳定劳务输出渠道，对开展有组织劳务输出的机构按规定给予就业创业服务补助。依托劳务工作站、服务站等机构，为劳务品牌从业人员提供跟踪服务。将脱贫人口、农村低收入人口等困难群体作为劳务品牌优先输出就业服务对象，按规定给予社会保险补贴和一次性

交通补助等政策。（人力资源和社会保障部、农业农村部、商务部、国家乡村振兴局按职责分工负责）

（八）增强品牌信誉。鼓励劳务品牌优化品牌名称、标识、符号等要素，支持有条件的注册申请商标专利，实现全流程电子化、便利化办理，引导具有核心竞争力的劳务品牌专利技术向标准化转化。健全劳务品牌质量标准体系和诚信评价体系，鼓励社会团体制定劳务品牌质量和评价标准，开展劳务品牌诚信评价，支持行业协会、商会建立行业内劳务品牌信用承诺制度。开展劳务品牌诚信经营自律承诺行动，维护劳务品牌良好声誉和形象。（人力资源和社会保障部、商务部、市场监管总局、国家知识产权局按职责分工负责）

四、加速劳务品牌壮大升级

（九）支持创新创业。鼓励劳务品牌从业人员发挥技能优势、专业所长、从业经历等优势开展创新创业，引导各类机构提供专业化创业培训和创业服务，对符合条件的创业者按规定落实税费减免、创业培训补贴、一次性创业补贴、创业担保贷款及贴息等政策。鼓励银行等金融机构在依法合规、商业可持续的原则下，积极探索劳务品牌商标权、专利权等质押贷款，鼓励以劳务品牌为标的物，积极投保相关保险。依托返乡入乡创业园、创业孵化基地、农村创新创业孵化实训基地等创业载体，安排一定比例的场地用于劳务品牌创业孵化，按规定落实房租减免、水电暖费定额补贴等优惠政策。（国家发展改革委、财政部、人力资源和社会保障部、住房和城乡建设部、农业农村部、人民银行、银保监会按职责分工负责）

（十）培育龙头企业。发挥特色资源、传统技艺和地域文化等优势，培育若干细分行业领域的劳务品牌龙头企业。引导劳务品牌龙头企业"专精特新"发展，推动技术、人才、数据等要素资源集聚，鼓励符合条件的劳务品牌龙头企业上市融资、发行债券。以劳务品牌龙头企业为引领，组建行业内、区域内劳务品牌联盟，推动联盟内资源共享，加速科技成果市场转化，解决专业领域重大共性问题，促进产学研深度融合。（国家发展改革委、科技部、工业和信息化部、人力资源和社会保障部、住房和城乡建设部、商务部、人民银行、证监会按职责分工负责）

（十一）发展产业园区。推动劳务品牌上下游产业链协同发展，按照产业链环节与资源价值区段相匹配原则开展产业布局，打造产业集聚、定位鲜明、配套完善、功能完备的劳务品牌特色产业园区。统筹安排劳务品牌产业园区用地指标、能耗指标，盘活闲置的商业用房、工业厂房、企业库房和商务楼宇等存量资源，有条件地区可安排一定比例年度土地利用计划，专项支持劳务品牌产业园区建设。充分发挥银行信贷、保险资金、多层次资本市场及融资担保机构（基金）等作用，拓展劳务品牌产业园区投融资渠道。结合实施现代服务业优化升级行动，支持服务型劳务品牌企业进驻国家级经济技术开发区发展医疗健康、社区服务等服务业，以及工业设计、物流、会展等生产性服务业。（国家发展改革委、工业和信息化部、民政部、人力资源和社会保障部、自然资源部、住房和城乡建设部、商务部、国家卫生健康委、人民银行、银保监会、证监会按职责分工负责）

五、组织保障

（十二）加强组织领导。各地要充分认识劳务品牌建设的重要意义，推动建立政府部署推动，人力资源社会保障部门牵头，住房城乡建设、农业农村、财政、人民银行、市场监管、乡村振兴等20个部门分工负责，行业企业积极参与的工作协调机制，形成工作合力。结合本地实际，细化工作方案，明确目标要求，抓好各项工作任务贯彻落实。（各部门按职责分工负责）

（十三）强化工作保障。各地要发挥政策引导作用，鼓励以市场化方式撬动金融资本、社会力量积极参与，推进劳务品牌建设。将劳务品牌建设作为就业工作重点任务，组建劳务品牌建设专家库，加强劳务品牌理论研究。（人力资源和社会保障部负责）

（十四）开展选树推介。各地要充分发挥典型引路作用，定期开展劳务品牌征集评选，组织劳务品牌竞赛，选树具有广泛影响力的劳务品牌项目，推出劳务品牌创立人、传承人、领军人以及形象代言人等典型人物，推荐符合条件的劳务品牌从业人员申报有关人才奖项评选。（人力资源和社会保障部负责）

（十五）举办系列活动。各地要定期开展劳务品牌展示交流活动，举办劳务品牌专业论坛，充分利用各类平台宣传展示劳务品牌。创新推出劳务品牌文化体验活动，结合文化旅游产业打造劳务品牌非遗工坊、劳务品牌文化体验馆（街、商圈）。结合"一带一路"战略举办文化交流活动，支持劳务品牌走出去。（国家发展改革委、人力资源和社会保障部、文化和旅游部、国家乡村振兴局按职责分工负责）

（十六）营造良好氛围。各地要综合运用网络、报纸、杂志、广播电视等媒体平台，围绕品牌项目、品牌人物、品牌活动开展全方位宣传报道，拍摄主题影视作品，讲好劳务品牌故事，形成"塑造劳务品牌、消费劳务品牌、热爱劳务品牌"的浓厚氛围。（中央宣传部、人力资源和社会保障部、广电总局按职责分工负责）

3.4　关于施工现场技能工人配备标准的规定

为落实《住房和城乡建设部办公厅关于开展施工现场技能工人配备标准制定工作的通知》（建办市〔2021〕29号），指导各地做好施工现场技能工人配备标准（以下简称配备标准）制定工作，强化施工现场技能人才配备，减少工程质量安全隐患，提升工程质量品质，现将有关事项通知如下：

一、总体要求

新建、改建、扩建房屋建筑与市政基础设施工程建设项目，均应制定相应的施工现场技能工人配备标准。

技能工人包括一般技术工人和建筑施工特种作业人员。一般技术工人等级分为初级工、中级工、高级工、技师、高级技师；工种类别包括砌筑工、钢筋工、模板工、混凝土工等，具体设置参照《住房城乡建设部办公厅关于印发住房城乡建设行业职业工种目录的通知》（建办人〔2017〕76号）执行。各地可结合行业发展产生的新工种适时进行调整。

建筑施工特种作业人员包括建筑电工、建筑架子工、建筑起重信号司索工、建筑起重机械司机、建筑起重机械安装拆卸工、高处作业吊篮安装拆卸工和经省级以上人民政府住房和城乡建设主管部门认定的其他特种作业人员等。

二、工作目标

2025年，力争实现在建项目施工现场中级工占技能工人比例达到20%、高级工及以上等级技能工人占技能工人比例达到5%，初步建立施工现场技能工人配备体系。

2035年，力争实现在建项目施工现场中级工占技能工人比例达到30%、高级工及以上等级技能工人占技能工人比例达到10%，建立施工现场所有工种技能工人配备体系。

年份	技能工等级	配备目标要求
2025年	中级工	20%
	高级工及以上	5%
2035年	中级工	30%
	高级工及以上	10%

三、主要任务

（一）科学合理制定标准。在调研基础上，根据本地区工程建设管理和建筑工人技能实际水平情况，按照工作目标及项目类型、规模和实施阶段，制定相应的配备标准，明确施工现场技能工人占工人总数比例及不同工种、技能等级工人配备比例要求。同时在配备标准中明确不同等级工人之间相应的代换计算方法，在计算工人配备时，高等级技能工人可按一定比例代换低等级技能工人。定期完善配备标准，逐步提高本地区高等级技能工人在所有技能工人中的占比。

（二）认真开展技能培训。按照我部统一部署和要求，完善本地区建筑工人技能培训组织实施体系。充分发挥企业技能培训主体作用，推动实现技能培训与现场施工相互促进，鼓励企业和行业协会积极举办各类技能竞赛，以赛促练、以赛促训。

（三）加强监督检查。加强市场、现场两场联动，建筑市场监管部门会同工程质量安全监管部门等制定检查手册，将配备标准达标情况作为在建项目建筑市场及工程质量安全检查的内容之一，动态开展日常巡查和随机检查，不满足要求的要限期整改。将配备标准达标情况按照有关规定纳入本地区行业质量安全评优评先以及相关企业、项目负责人的诚信评价体系，推动形成现场决定市场的良性环境。建立定期通报机制，对未满足配备标准要求的在建项目进行公示。

（四）强化信息化应用。不断完善本地区建筑工人实名制及智慧工地等管理系统，增加配备标准达标考核功能。加强与住房和城乡建设行业从业人员培训管理信息系统信息共享，及时分析记录建筑工人技能等级、培训考核评价、工资薪酬、用工评价等情况，推动企业发布建筑工人市场化价格等信息，引导建筑企业合理确定建筑工人薪酬标准，并将薪酬待遇与建筑工人技能等级以及用工评价挂钩。

四、工作要求

各地要提高认识，加强组织领导，尽快制定具体工作实施方案，明确工作任务、责任分工、时间安排等，在2021年底前制定出台配备标准，并报我部备案。要深入基层、施工现场开展调研，准确掌握本地区建筑工人技能水平情况，确保配备标准落地见效。在实施中要注意总结典型经验和做法，积极予以推广。我部将依托全国建筑工人管理服务信息平台收集汇总各地在建项目技能工人配备情况，定期通报相关工作进展。各地在推进工作中遇到的情况和问题，要及时反馈我部建筑市场监管司。

3.5　关于施工现场配置标准的规定

根据住房和城乡建设部等 12 部门印发的《关于加快培育新时代建筑产业工人队伍的指导意见》（建市〔2020〕105 号）的要求，施工企业要加强建筑工人施工现场劳动保护管理、施工现场作业环境管理、施工现场生活区域标准化管理，持续改善建筑工人生产生活环境。施工现场生活环境、劳动保护、作业环境基本配置指南如表 3-5-1、表 3-5-2、表 3-5-3 所示。

建筑工人施工现场生活环境基本配置指南　　　　　　　　表 3-5-1

总体要求：加强建设工程施工现场生活区域标准化管理，改善从业人员生活环境和居住条件，保障从业人员身体健康和生命安全，生活区域应统筹安排，合理布局，按照标准化、智能化、美观化的原则规划、建设和管理。生活区域场地应合理硬化、绿化，生活区域应实施封闭式管理，人员实行实名制管理。生活区设置和管理由施工总承包单位负责，分包单位应服从管理。施工总承包单位应设置专人对生活区进行管理，建立健全消防保卫、卫生防疫、智能化管理、爱国卫生、生活设施使用等管理制度。生活区域应明确抗风抗震、防汛、安全保卫、消防、卫生防疫等方案和应急预案，并组织相应的应急演练。生活区域设置除应符合本指南的规定外，还应符合《建设工程临建房屋技术标准》DB11/T 693、《建筑设计防火规范》GB 50016、《建设工程施工现场消防安全技术规范》GB 50720 等现行国家和行业标准要求。各地可根据本指南，结合本地区实际情况进一步细化，制定本地区建筑工人施工现场生活环境配置标准、指南或指引。

序号	生活环境	配置	要求
1	现场生活区	专项规划与设计	生活区规划、设计、选址应根据场地情况、入住队伍和人员数量、功能需求、工程所在地气候特点和地方管理要求等各项条件，满足施工生产、安全防护、消防、卫生防疫、环境保护、防范自然灾害和规范化管理等要求。生活区域建筑物、构筑物的外观、色调等应与周边环境协调一致
		生活区围挡设置	生活区应采用可循环、可拆卸、标准化的专用金属定型材料进行围挡，围挡高度不得低于 1.8 米
		生活设施设置	生活区应设置门卫室、宿舍、食堂、粮食储藏室、厕所、盥洗设施、淋浴间、洗衣房、开水房（炉）或饮用水保温桶、封闭式垃圾箱、手机充电柜、燃气储藏间等临建房屋和设施。生活区内必须合理硬化、绿化；设置有效的排水措施，雨水、污水排水通畅，场区内不得积水。食堂、锅炉房等应采用单层建筑，应与宿舍保持安全距离。宿舍不得与厨房操作间、锅炉房、变配电间等组合建造。生活区用房应满足抗 10 级风和当地抗震设防烈度的要求，消防要求应按照《建设工程施工现场消防安全技术规范》（GB 50720）执行

续表

序号	生活环境	配置	要求
2	居住设施	宿舍	宿舍楼、宿舍房间应统一编号。宿舍室内高度不低于2.5米，通道宽度不小于0.9米，人均使用面积不小于2.5平方米，每间宿舍居住人员不超过8人。床铺高度不低于0.3米，面积不小于1.9米×0.9米，床铺间距不小于0.3米，床铺搭设不超过2层。每个房间至少有一个行李摆放架。结合所在地区气候特点，冬夏季根据需要应有必要的取暖和防暑降温措施，宜设置空调、清洁能源采暖或集中供暖。不得使用煤炉等明火设备取暖。不具备条件的，可以使用电暖气。具备条件的项目，宿舍区可设置适合家庭成员共同居住的房间
		安保	生活区实行封闭式管理，出入大门应有专职门卫。生活区应配备专、兼职保卫人员，负责日常保卫、消防工作的实施。建立预警制度
		消防	生活区要有明显的防火宣传标志，禁止卧床吸烟。必须配备齐全有效的消防器材。生活区内的用电实行统一管理，用电设施必须符合安全、消防规定。生活区内严禁存放易燃、易爆、剧毒、腐蚀性、放射源等危险物品。宿舍内应设置烟感报警装置。生活区内建筑物与建筑工程主体之间的防火间距不小于10米。生活区内临建房屋之间的防火间距不小于4米。应设置应急疏散通道、逃生指示标识和应急照明灯、灭火器、消火栓等消防器材和设施
3	生活设施	食堂与食品安全	食堂必须具备卫生许可证、炊事人员身体健康证、卫生知识培训考核证等。卫生许可证、身体健康证、卫生知识培训证须悬挂在明显处。就餐区域应设置就餐桌椅。食堂、操作间、库房必须设置有效的防蝇、灭蝇、防鼠措施，在门扇下方应设不低于0.6米的防鼠挡板等措施。食堂必须设置单独的制作间、储藏间。制作间地面应做硬化和防滑处理，保持墙面、地面清洁，必须有生熟分开的刀、盆、案板等炊具及存放柜，应配备必要的排风设施和消毒设施。制作间必须设置隔油池，下水管线应与污水管线连接。必须在食堂合适位置设置密闭式泔水桶，每天定时清理
		卫生间	生活区内应设置水冲式厕所或移动式厕所。厕所墙壁、屋顶应封闭严密，门窗齐全并通风良好。应设置洗手设施，墙面、地面应耐冲洗。应有防蝇、蚊虫等措施。厕位数量应根据生活区人员的数量设置，并应兼顾使用高峰期的需求，厕位之间应设隔板，高度不低于0.9米。化粪池应作抗渗处理。厕所应设专人负责清扫、消毒，化粪池应及时清掏
		盥洗间	盥洗池和水龙头设置的数量应根据生活区人员数量设置，并应兼顾使用高峰时的需求，建议在盥洗台部位设置采光棚。水龙头必须采用节水型，有跑冒滴漏等质量问题的必须立即更换。盥洗设施的下水口应设置过滤网，下水管线应与污水管线连接，必须保证排水通畅

续表

序号	生活环境	配置	要求
3	生活设施	淋浴间	淋浴间必须设置冷、热水管和淋浴喷头，应能满足人员数量需求，保证施工人员能够定期洗热水澡；必须设置储衣柜或挂衣架；用电设施必须满足用电安全。照明灯必须采用安全防水型灯具和防水开关。淋浴间内的下水口应设置过滤网，下水管线应与污水管线连接
		洗衣房	生活区应设置集中洗衣房。洗衣房应按照人员数量需求配备一定量的洗衣机。洗衣房应设置智能化使用、交费管理系统，建立洗衣机使用管理制度。宜在靠近洗衣房部位设置集中晾衣区，晾衣区应满足安全要求并具备防雨等功能
		开水房	生活区应设置热水器等设施，保证24小时饮用开水供应。热水器等烧水设施应采取顶盖上锁或做防护笼等有效防护措施，应确保用电安全。开水房地面不得有积水，墙面悬挂必要的管理要求
		锅炉房（视情况设置）	对于生活区采用锅炉供暖时必须编制专项管理方案，从锅炉房的选址、建造、锅炉质量保证、管线敷设、打压试水、燃料管理、废气、废渣排放消纳、日常检查维护保养等各个环节明确具体要求、管理标准和责任人。锅炉房必须建造独立房屋，并与宿舍等人员密集型场所保持安全距离，房屋建造材料满足消防要求，房屋必须有有效防排烟措施，锅炉使用期间，必须确保24小时有专人值班，交接班时必须有相应记录。锅炉使用的燃料管理必须满足安全、节能的要求，废气、废渣排放消纳必须满足环保管理规定
		吸烟、休息点、饮水	在工地食堂、浴室旁边应设置吸烟及休息点，配置可饮水设备。施工区域禁止吸烟，应根据工程实际设置固定的敞开式吸烟处，吸烟处配备足够消防器材
4	卫生防疫	卫生防疫制度	生活区应制定法定传染病、食物中毒、急性职业中毒等突发疾病应急预案。必须严格执行国家、行业、地方政府有关卫生、防疫管理文件规定
		医务室	配备药箱及一般常用药品以及绷带、止血带、颈托、担架等急救器材。应培训有一定急救知识的人员，并定期开展卫生防病宣传教育
5	学习与娱乐设施	农民工业余学校	设置农民工接受培训、学习的场所，配备一定数量的桌椅、黑板等设施。配备电视机、光盘播放机、书报、杂志等必要的文体活动用品
		文体活动室	应配备电视机、多媒体播放设备，并设书报、杂志等必要的文体活动用品。文体活动室不小于35平方米

注：生活区面积不足或周边设施健全的，可适当调整相应配置；施工现场不能设置生活区，异地设置的也应满足本指南要求。

建筑工人施工现场劳动保护基本配置指南　　表 3-5-2

总体要求：施工企业要树立"安全第一、预防为主"的思想，加强建筑工人施工现场劳动保护，保障从业人员身体健康和生命安全，提升施工安全和劳动保护水平，减少和消除事故伤害和职业病危害。施工企业及劳务企业（专业作业企业）要为本企业建筑工人配置统一劳动着装和劳动技术装备，严禁工人自备劳动保护用品。建筑工人施工现场劳动保护除应符合本指南的规定外，还应符合《建筑施工人员个人劳动保护用品使用管理暂行规定》（建质〔2007〕255 号）、《建筑施工作业劳动防护用品配备及使用标准》JGJ 184 等现行国家和行业标准要求。各地可根据本指南，结合本地区实际情况进一步细化，制定本地区建筑工人施工现场劳动保护配置指南、指引或导则。

序号	劳动保护	配置	要求
1	常规劳保用品	头部防护用品	安全帽
		面部防护用品	头戴式电焊面罩、防酸有机类面罩、防高温面罩
		眼睛防护用品	防尘眼镜，防飞溅眼镜，防紫外线眼镜
		呼吸道防护用品	防尘口罩，防毒口罩，防毒面具
		听力防护用品	防噪声耳塞，护耳罩
		手部防护用品	绝缘手套、耐酸碱手套、耐高温手套、防割手套等
		脚部防护用品	绝缘靴，耐酸碱鞋，安全皮鞋，防砸皮鞋
		身躯防护用品	反光背心，工作服，耐酸围裙，防尘围裙，雨衣
		高空安全防护用品	高空悬挂安全带、电工安全带、安全绳。在 2 米及以上的无可靠安全防护设施的高处、悬崖和陡坡作业时，必须系挂安全带
		从事机械作业的女工及长发者防护用品	应配备工作帽等个人防护用品
		冬期施工期间或作业环境温度较低防护用品	应为作业人员配备防寒类防护用品
		雨期施工期间防护用品	应为室外作业人员配备雨衣、雨鞋等个人防护用品
2	工种防护用品	架子工、塔式起重机操作工、起重吊装工、信号指挥工、维修电工、电焊工、气割工、锅炉及压力容器安装工、管道安装工、油漆工、混凝土工、瓦工、砌筑工、抹灰工、磨石工、石工木工、钢筋工	各工种应按照作业性质和等级，按照有关规定配备相应的专用工作服装、劳动保护鞋及工作手套等个人防护用品。涉电工种要配备相应绝缘服装、绝缘鞋及绝缘手套等。涉粉尘工种要配备防尘口罩、灵便紧口的工作服、防滑鞋和工作手套。在强光环境条件作业时，应配备防护眼镜。在湿环境作业时，应配备防滑鞋和防滑手套。从事酸碱等腐蚀性作业时，应配备防腐蚀性工作服、耐酸碱鞋、耐酸碱手套、防护口罩和防护眼镜。在从事涂刷、喷漆作业时，应配备防静电工作服、防静电鞋、防静电手套、防毒口罩和防护眼镜。瓦工、砌筑工、钢筋工等应配备保护足趾安全鞋

注：除安全帽、反光背心、工作服、安全皮鞋外，其余配置要求，根据工种和作业内容，并参照有关标准规范要求进行配置。

建筑工人施工现场作业环境基本配置指南 表 3-5-3

总体要求：施工企业要加强施工现场作业环境管理，推进安全生产标准化，完善作业环境安全、设施等设置，确保符合安全生产条件。建筑工人施工现场作业环境除应符合本指南的规定外，还应符合《工作场所职业病危害警示标识》GBZ 158、《建设工程施工现场消防安全技术规范》GB 50720、《建筑施工安全检查标准》JGJ 59 等现行国家和行业标准要求。各地可根据本指南，结合本地区实际情况进一步细化，制定本地区建筑工人施工现场作业环境配置指南、指引或导则。

序号	作业环境	配置	要求
1	安全生产标志	安全生产宣传标语和标牌	施工现场应合理设置安全生产宣传标语和标牌。标牌设置应牢固可靠，在主要施工部位、作业层面和危险区域以及主要通道口均应设置醒目的安全警示标志
2	工间休息设施	施工现场设置临时休息点	施工现场应在安全位置设置临时休息点。施工区域禁止吸烟，应根据工程实际设置固定的敞开式吸烟处，吸烟处配备足够消防器材
		施工现场设置临时开水点	施工现场应按照工人数量比例设置热水器等设施，保证施工期间饮用开水供应。高层建筑施工现场超过 8 层后，每隔 4 层宜设置临时开水点
		施工现场设置临时厕所	施工现场应设置水冲式或移动式厕所。高层建筑施工现场超过 8 层后，每隔 4 层宜设置临时厕所
3	临边安全防护	基坑临边防护	深度超过 2 米的基坑、沟、槽周边应设置不低于 1.2 米的临边防护栏杆，并设置夜间警示灯
		楼层四周、阳台临边防护	建筑物楼层邻边四周、阳台，未砌筑、安装围护结构时的安全防护现场所有楼层临边防护均为不低于 1.2 米的固定防护栏杆并满挂密目安全网
		楼梯临边防护	楼梯踏步及休息平台处搭设两道牢固的 1.2 米高的防护栏杆并用密目安全网封闭。回转式楼梯间楼梯踏步应搭设两道牢固的 1.2 米高的防护栏杆，中间洞口处挂设安全平网防护
		垂直运输卸料平台临边防护	出料平台必须有专项设计方案并报批后方可使用，平台上的脚手板必须铺严绑牢，平台周围须设置不低于 1.5 米高防护围栏，围栏里侧用密目安全网封严。卸料平台上的脚手板必须铺严绑牢，两侧设 1.2 米防护栏杆，18 厘米高的挡脚板，并用密目安全网封闭
4	深基坑作业安全防护	专人监测	基础施工时设专人观察边坡及护壁，如有裂缝及时发现，尽早处理，以免造成边坡坍塌。深坑作业时，严禁向坑内抛物体，上下操作时防止坠物伤人

续表

序号	作业环境	配置	要求
5	洞口安全防护	电梯井口安全防护	设高度不低于1.2米的金属防护门。电梯井内首层和首层以上每隔四层设一道水平安全网，安全网封闭严密
		管道井安全防护	采取有效防护措施，防止人员、物体坠落。墙面等处的竖向洞口设置固定式防护门或设置两道防护栏杆
		预留孔洞安全防护	1.5米×1.5米以下的孔洞，用坚实盖板盖住，有防止挪动、位移的措施。1.5米×1.5米以上的孔洞，四周设两道护身栏杆，中间支挂水平安全网。结构施工中伸缩缝和后浇带处加固定盖板防护
6	水平作业通道安全防护	搭设防护板棚	在施工期间，在出入口处必须搭设防护板棚，棚的长度为5米，宽度大于出入口，材料用钢管搭设，侧面用密目安全网全封闭，顶面用架板满铺一层
7	交叉作业安全防护	设警戒区	支模、粉刷、砌墙等各工种进行上下立体交叉作业时，不得在同一垂直方向上操作，下层作业的位置，必须处于依上层高度确定的可能坠落范围半径之外。模板、脚手架等拆除时，下方不得有其他操作人员，并设警戒区。模板部件拆除后，临时堆放处离楼层边不小于1米，堆放高度不超过1米
8	高处作业安全防护	设置专用防护棚	冬期施工时，按规定做好防寒保暖工作，设置挡风防寒或临时取暖措施。在夏季施工时采取降温措施。高处施工立体交叉作业时，不得在同一垂直方向上下操作。上下同时工作时，应设专用的防护棚或隔离措施。遇有冰雪及大风暴雨后，及时清除冰雪和加设防滑条等措施。在2米以上的高度从事支模、绑扎钢筋等施工作业时具有可靠的施工作业面，并设置安全稳固的爬梯。高处作业使用的铁凳、木凳应牢固，两凳间需搭设脚手板的，间距不大于2米
9	脚手架安全防护	专项施工方案	具有足够的强度、刚度和稳定性。具有良好的结构整体性和稳定性，不发生晃动、倾斜、变形。应设置防止操作者高空坠落和零散材料掉落的防护措施
10	塔吊安全防护	专项技术方案和管理制度	塔吊司机身心健康，持有特种作业操作证。及时检查塔吊地脚螺栓、标准节螺栓的紧固情况，检查塔吊附墙螺栓是否紧固。恶劣天气停止作业
11	施工电梯安全防护	专项管理制度	施工电梯司机应取得岗位合格证书。严格按施工电梯额定载荷和最大定员运载。非运行状态时，施工电梯停靠在一层，并将开关、门限位上锁，切断电源

3.6　关于建筑工人简易劳动合同的规定

2022 年 12 月 23 日，《住房和城乡建设部办公厅、人力资源和社会保障部办公厅关于印发〈建筑工人简易劳动合同（示范文本）〉的通知》（建办市〔2022〕58号），对建筑工人签订简易劳动合同做出具体规定。

为规范建筑用工管理，保障建筑工人合法权益，更好地为建筑企业和建筑工人签订劳动合同提供指导服务，住房和城乡建设部、人力资源和社会保障部根据《中华人民共和国劳动法》《中华人民共和国劳动合同法》《中华人民共和国建筑法》《中华人民共和国劳动合同法实施条例》《保障农民工工资支付条例》等法律法规及有关政策规定，制定了《建筑工人简易劳动合同（示范文本）》。现印发给你们，供建筑企业和建筑工人签订劳动合同时参考。

建筑工人简易劳动合同（示范文本）

用人单位名称：＿＿＿＿＿＿＿＿＿＿＿＿＿＿＿＿（以下简称甲方）

统一社会信用代码：＿＿＿＿＿＿＿＿＿＿＿＿＿＿

法定代表人或负责人：＿＿＿＿＿＿＿＿＿＿＿＿

电话：＿＿＿＿＿＿＿＿＿＿＿＿＿＿＿＿＿＿＿

住所：＿＿＿＿＿＿＿＿＿＿＿＿＿＿＿＿＿＿＿

联系地址：＿＿＿＿＿＿＿＿＿＿＿＿＿＿＿＿＿

劳动者姓名：＿＿＿＿＿＿＿＿＿＿＿＿＿＿＿＿（以下简称乙方）

性别：＿＿＿＿＿身份证号码：＿＿＿＿＿＿＿＿＿

电话：＿＿＿＿＿＿＿＿＿＿＿＿＿＿＿＿＿＿＿

联系地址：＿＿＿＿＿＿＿＿＿＿＿＿＿＿＿＿＿

劳动者紧急联系人信息

姓名：＿＿＿＿＿＿电话：＿＿＿＿＿＿＿＿＿＿＿

联系地址：＿＿＿＿＿＿＿＿＿＿＿＿＿＿＿＿＿

与劳动者关系：＿＿＿＿＿＿＿＿＿＿＿＿＿＿＿

根据《中华人民共和国劳动法》《中华人民共和国劳动合同法》《中华人民共和国建筑法》《中华人民共和国劳动合同法实施条例》《保障农民工工资支付条例》等有关法律法规，甲乙双方经平等自愿、协商一致订立本合同。

第一条　劳动合同的类别、期限、试用期

甲乙双方约定按以下第____种方式确定劳动合同期限：

1.1　以完成一定工作任务为期限：自____年____月____日起至工作完成之日止。

1.2　固定期限：合同期限自____年____月____日起至____年____月____日止；乙方的试用期从____年____月____日至____年____月____日。

1.3　无固定期限：自____年____月____日起至依法解除、终止合同时止，乙方的试用期为____个月。

第二条　工作岗位、工作地点、工作内容和工作时间

2.1　工作岗位（工种）：

2.2　工作地点：

2.3　工作内容：

经双方协商一致后，甲方可对乙方的工作岗位、工作地点、工作内容进行调整，双方应书面变更劳动合同，变更内容作为本合同附件。

2.4　选择本合同第 1.1 款的，工作完成标准为：_____。

2.5　工作时间：甲方应依照法律法规规定，合理安排工作时间，保证乙方每周至少休息一天。根据生产经营需要和乙方岗位实际情况，甲方可根据春节、农忙、天气等情况，在保障乙方劳动安全和身体健康前提下，经依法协商，合理安排乙方工作时间和休息时间。实行特殊工时制度的，应经人力资源社会保障部门审批后执行。

第三条　工资和支付方式

3.1　乙方工资由基本工资和绩效工资组成。甲方应通过施工总承包单位设立的农民工工资专用账户，将工资直接发放给乙方。

3.2　基本工资：根据甲方的工资分配制度与乙方的工作岗位情况，甲乙双方确定乙方基本工资按以下第____项执行，甲方每月____日前足额支付：

（1）月基本工资：____元，不足一个月的，以乙方月工资除以 21.75 天得出的日工资为基数，乘以乙方实际工作天数计算；

（2）日基本工资：____元；

（3）计件基本工资：____元（每平方米、立方米、米、吨、件、套……）。

3.3　绩效工资：

3.3.1　签订本合同时，在乙方对甲方安排其工作岗位的各项工作内容已有充分了解的前提下，甲方对乙方的工作按照以下标准进行考核，并按月支付乙方的绩效工资：

（1）乙方完成甲方安排各项工作的质量效率情况；

（2）乙方遵守甲方制定的各项安全管理规定情况；

（3）乙方专业作业能力等级；

（4）其他，请注明：_____。

3.3.2 绩效工资的计算方法和支付方式由甲乙双方根据工作岗位的要求另行约定，作为本合同附件。

3.4 乙方在试用期期间的工资为每月（日、件）____元。

3.5 在本合同有效期内，双方对劳动报酬重新约定的，应当采用书面方式并作为本合同的附件。

第四条 甲方的权利和义务

4.1 甲方有权依照法律法规和本单位依法制定的相关规章制度，对乙方实施管理，甲方应将相关规章制度告知乙方。

4.2 甲方应为乙方提供符合规定的劳动防护用品和其他劳动条件，办理好各项手续，并按照国家建筑施工安全生产的规定，在施工现场采取必要的安全措施，为乙方创造安全工作环境。

4.3 甲方应按照有关法律法规规定对女职工进行劳动保护，不得要求女职工从事法律法规禁止其从事的劳动。

4.4 甲方应按国家和当地政府的有关规定，对乙方因工负伤或患职业病给予相应待遇。

4.5 甲方应按照规定为乙方创造岗位培训的条件，对乙方进行安全生产、职业技能、遵纪守法、道德文明等方面的教育。乙方参加甲方安排的培训活动视同出勤，甲方不得扣减乙方工资。

4.6 甲方应按规定为乙方办理社会保险，其中应由乙方个人缴纳的部分，由甲方代扣代缴。甲方可按项目参加工伤保险。按规定应缴存住房公积金的，甲方应为乙方缴存。

4.7 甲方应对乙方的出勤、工作效率等情况做好记录，作为计算乙方工资的依据。

第五条 乙方的权利和义务

5.1 乙方应具备本合同工作岗位要求的技能，符合有关部门和甲方对工作岗位的要求，乙方应如实向甲方告知年龄、身体健康状况等可能影响从事本合同工作的情况。

5.2 乙方与甲方签订本合同时，如与其他单位存在劳动关系的应如实告知甲方，否则甲方有权依法解除合同。

5.3 乙方应自觉遵守有关法律法规和甲方依法制定的规章制度，严格遵守安全操作规程，服从甲方的管理，按实名制管理要求考勤，按时完成规定的工作数量，达到规定的质量标准。

5.4 乙方应积极参加甲方安排的安全、技能等岗位培训活动，不断提高工作技能。

5.5 乙方对甲方管理人员违章指挥、强令冒险作业的要求有权拒绝，乙方对危害生命安全和身体健康的劳动条件，有权要求甲方改正或停止工作，并有权向有关部门检举和投诉。

5.6 乙方患病或非因工负伤的医疗待遇按国家有关规定执行。

5.7 乙方依法享有休息休假等各项劳动权益。

第六条 劳动纪律

6.1 乙方应遵守职业道德，遵守劳动安全卫生、生产工艺、工作规范和实名制管理等方面的要求，爱护甲方的财产。

6.2 乙方违反劳动纪律，甲方可根据本单位依法制定的规章制度，给予相应处理，直至依法解除本合同。

第七条 劳动合同的解除和终止

7.1 终止本合同，应当符合法律法规的相关规定。

7.2 甲乙双方协商一致，可解除本合同。

7.3 合同解除或终止前，甲方应结清乙方的工资。

7.4 任何一方单方解除本合同，应符合法律法规相关规定，并应提前通知对方。符合经济补偿条件的，甲方应按规定向乙方支付经济补偿。在甲方危及乙方人身自由和人身安全的情况下，乙方有权立即解除劳动合同。

第八条 劳动争议处理

甲乙双方因本合同发生劳动争议时，可按照法律法规的规定，进行协商、申请调解或仲裁。不愿协商或者协商不成的，可向劳动人事争议仲裁委员会申请仲裁。对仲裁裁决不服的，可依法向有管辖权的人民法院提起诉讼。

第九条 其他

9.1 甲乙双方可根据实际情况约定的其他事项如下：_____。

9.2 甲方的规章制度、考评标准及相应工种的职责范围作为本合同的附件，与本合同具有同等法律效力。

9.3 本合同及附件一式____份，甲乙双方各执____份，自甲乙双方签字盖章之日起生效。

甲方（盖章）：   乙方（签印）：

法定代表人（主要负责人）：

或委托代理人（签字或盖章）：

　　年　　月　　日   年　　月　　日

3.7 "十四五"建筑业发展规划对劳务管理的要求

2022 年 1 月 19 日,《住房和城乡建设部关于印发"十四五"建筑业发展规划的通知》(建市〔2022〕11 号)强调要培育建筑产业工人队伍。

1. 改革建筑劳务用工制度。

鼓励建筑企业通过培育自有建筑工人、吸纳高技能技术工人和职业院校毕业生等方式,建立相对稳定的核心技术工人队伍。引导小微型劳务企业向专业作业企业转型发展,进一步做专做精。制定建筑工人职业技能标准和评价规范,推行终身职业技能培训制度。推动大型建筑业央企与高职院校合作办学,建设建筑产业工人培育基地,加强技能培训。推动各地制定施工现场技能工人基本配备标准,推行装配式建筑灌浆工、构件装配工、钢结构吊装工等特殊工种持证上岗。完善建筑职业(工种)人工价格市场化信息发布机制,引导建筑企业将建筑工人薪酬与技能等级挂钩。全面落实建筑工人劳动合同制度。

2. 加强建筑工人实名制管理。

完善全国建筑工人管理服务信息平台,充分运用物联网、生物识别、区块链等新一代信息技术,实现建筑工人实名制、劳动合同、培训记录与考核评价、作业绩效与评价等方面的信息化管理。制定统一数据标准,加强各系统平台间数据对接互认,实现全国数据互联共享。将建筑工人管理数据与日常监管相结合,加强数据分析应用,提升监管效能。在建筑工人实名制管理的基础上,加强管理人员到岗履职监管,严格实行特种作业人员实名上岗,压实现场管理和技术人员责任。

3. 保障建筑工人合法权益。

健全保障建筑工人薪酬支付的长效机制,落实工资保证金、工资专用账户管理等制度,推行分包单位农民工工资委托施工总承包单位代发制度。完善建筑工人社会保险缴费机制,保障职业安全和健康权益。落实施工现场生活环境、劳动保护和作业环境基本配置,持续改善建筑工人生产生活环境。鼓励有条件的企业按照国家规定进行上岗前、在岗期间和离岗时的职业健康检查。

3.8 建筑劳务管理标准

1 总则

1.0.1 为规范房屋建筑和市政基础设施工程建设领域劳务管理程序和行为，提高劳务管理水平，制定本标准。

1.0.2 本标准适用于房屋建筑和市政基础设施工程建设领域相关主体的劳务管理活动。

1.0.3 房屋建筑和市政基础设施工程建设领域劳务管理活动，除应遵循本标准外，还应符合国家现行有关法律、法规和标准的规定。

2 术语

2.0.1 劳务管理 labor management

建筑企业在工程施工过程中对劳务用工的管理。

2.0.2 施工分包 construction subcontract

建筑业企业将其所承包的房屋建筑和市政基础设施工程中的专业工程或者劳务作业发包给具有资质和能力的分包企业完成的活动。

2.0.3 专业工程分包 professional engineering subcontract

施工总承包企业将其所承包工程中的专业工程发包给具有相应资质的专业承包企业完成的活动。

2.0.4 劳务作业分包 labor operation subcontract

施工总承包企业或者专业承包企业将其承包工程中的劳务作业发包给具有相应资质或能力的劳务分包企业完成的活动。

2.0.5 分包企业 subcontracting enterprise

专业工程分包企业和劳务作业分包企业。

2.0.6 建筑工人 construction workers

施工现场从事专业技术施工作业或劳务作业的工人。

2.0.7 劳动用工 work employment

建筑企业与建筑工人或管理人员签订劳动合同形成聘用关系，建筑工人和管理人员在建筑企业管理下提供有偿劳动。

2.0.8 劳务用工 labor employment

建筑企业与劳务分包企业签订以完成特定工作为目的的劳务合同形成民事关系。劳务作业分包企业按劳务合同约定自行管理、自行组织施工生产，完成合同约定工作，获取劳务合同收入。

2.0.9　分包工程款　subcontract engineering payment

施工分包过程中发包人按合同约定支付给专业工程分包企业或劳务作业分包企业的费用，包括人工费、材料款、设备款、管理费等。

2.0.10　劳务人工费　labor cost

建筑企业应支付给分包企业的劳务作业人工费用。

2.0.11　劳务员　laborer supervisor

在房屋建筑与市政基础设施工程建设施工现场，从事劳务管理计划、劳务人员资格审查与培训，劳动合同与工资管理、劳务纠纷处理等工作的专业管理人员。

2.0.12　劳动实名制管理　real-name system of labor management

对建筑企业所使用建筑工人的从业、培训、技能和权益保障等以真实身份信息认证方式进行综合管理的制度。

2.0.13　经济纠纷　economic dispute

建筑企业与分包作业企业因未按分包合同履约而产生的纠纷，在施工现场主要表现为分包结算纠纷和分包工程款支付纠纷。

2.0.14　劳务纠纷　labor dispute

建筑企业与分包企业在分包作业过程中发生的经济纠纷。

2.0.15　劳动纠纷　employment dispute

建筑企业与建筑工人未按劳动合同履约而产生的纠纷，在施工现场主要表现为建筑工人的工资支付纠纷和工伤事故纠纷。

3　基本规定

3.1　劳务管理原则

3.1.1　遵守法律的原则。

建筑企业（包括施工总承包企业、专业承包企业、劳务作业分包企业，下同）劳务管理应严格遵守《建筑法》《劳动法》《招标投标法》等国家法律法规。应签订劳动合同，合法用工，依法分包。

3.1.2　以人为本的原则。

建筑企业劳务管理应坚持以人为本。应按照国家规定和合同约定为建筑工人支付工资、缴纳社会保险，提供必要的施工作业条件和生活环境，维护建筑工人合法权益。

3.1.3　防范风险的原则。

建筑企业劳务管理应注重防范风险。应针对劳务管理全过程识别风险源，开展风险管控，消除不和谐因素，化解劳务纠纷。

3.2　劳务管理业务范围与流程

3.2.1 劳务管理业务范围包括劳动合同管理、劳务培训管理、劳务实名制管理、劳务分包管理、劳务施工管理、劳务纠纷管理、劳务资料管理、劳务管理绩效评价等。

3.2.2 劳务作业管理流程包括劳务进场管理、劳务施工管理、劳务退场管理。

3.3 劳务管理过程

3.3.1 启动过程。劳务作业分包企业应通过劳务合同确定劳务作业范围。

3.3.2 策划过程。劳务作业分包企业应识别劳务作业相关方需求，明确劳务作业目标，配置劳务作业资源。

3.3.3 实施过程。劳务作业分包企业应按照策划和劳务作业交底的要求，组织进行具体的劳务操作活动。

3.3.4 监控过程。劳务作业分包企业应对照劳务作业目标，监督劳务作业活动，分析劳务施工进展情况，必要时实施纠偏。

3.3.5 收尾过程。劳务作业分包企业应完成劳务合同约定的全部作业内容，正式结束劳务作业活动。

3.4 劳务作业资格

3.4.1 从事建筑施工的劳务作业企业必须是依法独立经营的企业或组织，具有独立的法人地位和必要的资格及能力，必须依法经营、诚信履约。

3.4.2 从事劳务作业的建筑工人必须按规定取得从业证书。

4 劳务管理职责

4.1 一般规定

4.1.1 建筑企业应与建筑工人签订劳动合同，对本企业的用工行为负责。

4.1.2 建筑企业、项目经理部应设置劳务管理机构，配备专职或兼职劳务员，规定劳务管理人员的职责和权限。

4.2 各类企业劳务管理责任

4.2.1 施工总承包企业劳务管理职责

1 应拥有一定数量的与其建立稳定劳动关系的骨干技术工人。

2 应制定劳务作业分包管理与考核制度。

3 负责监督专业承包企业、劳务作业企业的劳务管理，维护稳定的工作秩序，并留存相关资料。

4 负责做好劳务实名制管理工作，对劳务作业分包单位提供的建筑工人信息资料、劳动合同和岗位技能证书等进行审核，禁止不符合要求的建筑工人进入施工现场。

5 根据劳务分包合同约定范围、相关规定及劳务作业分包企业完成工作量结算劳务费。负责监督劳务作业分包企业建筑工人工资发放情况，对劳务作业分包企业的工资支付负连带责任。

6　建立劳务作业分包企业数据库，根据其管理实力、作业人员技能、规模、业绩、违约记录等指标，建立劳务作业分包企业信用评价体系及风险防范机制。负责组织实施劳务作业队伍考评工作。

7　直接使用自有建筑工人时，按4.2.3条款的规定进行管理。

4.2.2　专业承包企业劳务管理责任

1　专业承包企业应拥有一定数量的与其建立稳定劳动关系的骨干技术工人。

2　应制定劳务作业分包管理与考核制度。负责做好劳务实名制管理工作。

3　建立劳务作业分包企业数据库，根据其管理实力、建筑工人技能、规模、业绩、违约记录等指标，建立劳务作业分包企业信用评价体系及风险防范机制。

4　监督劳务作业分包企业工资支付情况，对劳务作业分包企业未按合同约定支付工资的行为负连带责任。

5　直接使用自有建筑工人时，按4.2.3条款的规定进行管理。

4.2.3　劳务作业分包企业劳务管理职责

1　制定建筑工人管理制度。

2　建立建筑工人花名册，核验建筑工人身份，留存身份证复印件。

3　在进入施工现场前需要将进场建筑工人信息报送总承包单位备案。

4　负责做好实名制管理工作，汇总申报施工现场建筑工人的身份信息、劳动考勤、工资结算等信息。

5　负责组织建筑工人进行现场施工作业活动，并达到劳务分包合同约定的要求。

6　依据有关法律法规的规定和劳动合同的约定，以货币形式向建筑工人支付工资。必须按约定支付建筑工人的基本工资，且支付数额不得低于工程项目所在地区最低工资标准。

5　劳务员及其岗位职责

5.1　一般规定

5.1.1　施工总承包企业、专业承包企业、劳务作业分包企业必须根据施工规模和劳务用工数量配备相应的劳务员。

5.1.2　劳务员应按建筑企业和项目经理部的职能分工，对劳务用工承担管理责任。

5.1.3　建筑企业应根据行业标准规定，确定与劳务员管理岗位相适应的任职条件。

5.2 劳务员任职条件和职业素养

5.2.1 劳务员应满足以下任职条件：

1 具备从事施工现场劳务管理工作的基本身体条件。

2 具有中等职业（高中）教育及以上学历，并具有一定的实际工作经验，身心健康。

3 具备行业标准规定的基本专业技能，掌握基本专业知识。

4 上岗前必须持有相关主管机构颁发的岗位培训考核合格证书。

5.2.2 劳务员应具备的职业素养

1 遵守法律法规，讲求诚信。

2 维护施工现场生产秩序。

3 善于发现产生各类纠纷的不稳定因素。

4 主动协商解决纠纷和矛盾。

5 注重职业安全健康管理和环境保护。

5.3 劳务员岗位职责

5.3.1 建筑企业和项目经理部应根据实际情况规定劳务员岗位职责。

5.3.2 劳务员岗位职责应包括以下内容：

1 参与建立工程项目劳务管理体系。

2 参与制定项目劳务管理计划。

3 参与建立建筑工人教育培训制度、考勤制度、工资结算及发放制度、安全生产管理制度、社会保险缴纳管理制度等。

4 参与劳动合同管理，包括劳动合同的签订、变更、解除、终止及社会保险等工作，参与劳务分包合同的评审。

5 审核劳务分包队伍进场等相关协议的签订情况。

6 对施工现场的人员实行动态管理，对进出场建筑工人信息及时跟踪。

7 监督或建立建筑工人个人考勤表和工资台账。

8 参与编制和组织实施劳务纠纷应急预案。

9 参与调解、处理劳务纠纷和工伤事故的善后工作。

10 编制和落实建筑工人培训计划。

11 参与对劳务作业分包企业进行考核评价，主要包括分包队伍的整体素质、工期、工程质量、安全生产、文明施工、环境保护、建筑工人工资支付、遵纪守法等情况。

12 监督劳务分包队伍的退场，对相关物资进行清算，协助办理劳务分包队伍退场时各项手续。

13 汇总、整理、移交劳务作业分包企业和建筑工人管理资料。

6 实名制管理

6.1 一般规定

6.1.1 建筑企业应建立实名制管理制度，明确相关人员管理责任。

6.1.2 建筑企业不得聘用未经在建筑工人实名制管理平台上登记备案的建筑工人从事与施工作业相关的活动。

6.1.3 建筑企业应落实建筑工人工资保证金制度。

6.2 实名制管理职责

6.2.1 建设单位在招标文件和建设工程合同中应明确建筑企业（或联合体）实施实名制管理的条款，并督促建筑企业（或联合体）落实所承包项目的实名制管理。

6.2.2 施工总承包企业对工程项目建筑工人实名制管理负总责，配备劳务员，负责现场作业人员实名制信息的登记、核实，搜集、归档相关实名制管理资料，向上级管理机构上传相关实名制管理信息。

6.2.3 分包企业应落实分包合同中约定的实名制管理义务，配备劳务员，负责建筑工人的日常管理，包括依法签订书面劳动合同，按规定办理工伤、养老等社会保险，按劳动合同约定发放工资，保障建筑工人合法权益。

6.2.4 建筑企业应及时对建筑工人信息进行采集、核实，建立实名制管理台账，并按时将考勤表、工资发放表、各类台账等实名制管理资料提交上级主管机构备案。

6.3 实名制管理的内容

6.3.1 进场前管理

1 劳务作业分包企业应在进场施工前将建筑工人花名册、身份证资料、劳动合同、交纳各种保证金明细单据、用工制度、工资分配制度、社保证明等资料提交建筑企业项目经理部查验。

2 建筑企业项目经理部应对经查验合格的建筑工人进行进场教育、考核，审查进场人员身体状况。对考核合格、健康状况符合要求的建筑工人通过读取身份证、采集面部影像、指纹或虹膜等生物识别信息，录入具有生物识别功能的门禁信息系统。

6.3.2 实名制过程管理

1 项目经理部应设置具有生物识别功能的门禁系统，建筑工人通过生物识别技术装置进出施工现场。

2 劳务作业分包企业应设专人负责做好逐日考勤记录，记录建筑工人出勤和变更情况，按月向建筑企业项目部提交更新后的人员花名册、人员考勤表和工资发放表。建筑企业应对劳务作业分包企业提交的人员花名册、考勤表及时进行审核、备案，并建立建筑工人进出场登记制度和考勤、计量、工资支付等管理台账，实时掌握施工现场用工及其工资支付情况，不得以包代管。

3　劳务作业分包企业可以委托施工总承包单位代发建筑工人工资。由劳务作业分包企业直接支付工资时，应按照劳动合同约定按月足额支付工资给建筑工人本人，并经其本人签字确认。建筑企业应监督劳务作业分包企业工资发放，张榜公示发放结果。建筑企业应在项目经理部设立专柜妥善保存工资支付书面记录等资料，资料需保存至工程完工且工资全部结清后至少3年。

4　建筑工人离开施工现场应办理离场手续。劳务作业分包企业应结清并支付建筑工人全部工资，在实名制管理平台中将其设置为离场状态，并向建筑企业报备。

6.4　实名制管理信息化

6.4.1　建筑企业应按住房和城乡建设部的要求，建立"建筑工人实名制管理平台"（以下简称平台），通过平台实现建筑施工现场建筑工人的信息化管理。

6.4.2　"平台"应遵循统一规划、统一平台、统一标准、统一数据的原则进行开发建设，能在全国范围内与其他相关实名制管理平台实现数据共享。

6.4.3　"平台"内容应包含建筑工人基本信息、劳动合同签订情况、培训情况、职业技能、从业记录、诚信评价情况等方面的信息，并具备各类数据统计分析的功能。

7　劳动合同管理

7.1　一般规定

7.1.1　劳动合同由具备用工主体资格的建筑企业、劳务派遣企业等用工单位与建筑工人本人签订。

7.1.2　用工单位应与具备劳动能力、诚信守法的建筑工人签订劳动合同。

7.1.3　建筑企业在签订合同前，应如实告知建筑工人工作内容、工作条件、工作地点、职业危害、安全生产状况、劳动报酬以及建筑工人要求了解的其他情况；建筑企业有权了解建筑工人的基本情况，建筑工人应当如实说明。

7.1.4　建筑工人应在进场前与用工单位签订劳动合同。

7.2　劳动合同管理

7.2.1　劳动合同应一式两份，用工单位与建筑工人各执一份，建筑企业对劳动合同实行备案管理。

7.2.2　建筑企业应留存建筑工人身份证复印件，但不得扣押建筑工人的居民身份证原件和其他证件，不得要求建筑工人提供担保或者以其他名义向建筑工人收取财物。

7.2.3　建筑企业应在建筑工人进场时，收集并留存其与用工单位签订的劳动合同复印件，且必须在建筑工人退场后，继续留存至少 3 年。

7.2.4　建筑工人的劳动合同必须具备以下条款：

1　用工单位的名称、住所和法定代表人或者主要负责人。

2　建筑工人的姓名、住址和居民身份证或者其他有效身份证件号码。

3　劳动合同期限。

4　工作内容和工作地点。

5　工作时间和休息休假。

6　劳动报酬计算方法、支付方式及支付时限。

7　社会保险。

8　劳动保护、劳动条件和职业危害防护。

9　法律、法规规定应当纳入劳动合同的其他事项。

7.2.5　劳动合同期限可根据实际情况选用固定期限、无固定期限、以完成一定工作为期限三种方式。

7.3　建筑工人权益保护

7.3.1　建筑工人进场前，建筑企业应检查劳务作业分包企业为劳务工人办理的健康体检证明，禁止不具备施工作业能力的建筑工人进场作业。

7.3.2　在建筑企业规章制度和重大事项决定实施过程中，建筑工人认为不适当的规定或工作内容，有权向建筑企业提出，通过协商予以修改完善。

7.3.3　建筑工人在工作期间，若发生危及人身安全的紧急情况时，有权立即停止作业或在采取必要的应急措施后撤离危险区域。

7.3.4　建筑工人在工作期间，对施工现场的安全管理工作可提出批评、建议，对严重违章作业危及作业人员安全的行为可检举控告。

7.3.5　建筑工人的工资不得低于工程项目所在地最低工资标准。

7.3.6　用工单位应按照合同约定的形式和时间向建筑工人本人支付工资。不得以任何理由克扣或者无故拖欠建筑工人工资。

7.3.7　劳务作业分包企业根据法律法规和工程所在地的要求，为建筑工人办理社会保险。

8　劳务培训管理

8.1　一般规定

8.1.1　建筑企业应建立劳务用工培训制度，开展建筑工人法律法规和技能培训，提高建筑工人素质。

8.1.2　建筑企业应建立培训上岗制度，建筑工人上岗前必须经过培训且考核合格。

8.1.3　特种作业人员必须经过专门的安全作业培训，并取得特种作业操作资格证书。

8.1.4　建筑工人在进入新的岗位、新的施工现场或者建筑企业采用了新技术、新工艺、新材料、新设备时，应当对建筑工人进行相应的安全生产培训，未经培训或者培训考核不合格的人员，不得上岗作业。

8.1.5　建筑企业应建立建筑工人培训考核等级与基本工资挂钩制度。

8.2　培训内容

8.2.1　建筑企业对劳务用工的培训内容应包括：

1　政策、法律法规和知识培训。

2　安全生产和工程质量知识培训。

3　基本技能和技术操作规程培训。

4　职业道德和生活常识培训。

5　相关主管部门规定的其他内容。

8.2.2　建筑企业应采用农民工夜校、班前会、交底会等方式对建筑工人进行培训。

8.3　培训计划

8.3.1　建筑企业编制培训计划前应充分调查内部的资源条件及建筑工人素质状况。

8.3.2　建筑企业应识别建筑工人培训需求，根据需要制定培训计划。

8.3.3　建筑企业编制培训计划时应充分考虑建筑工人培养的超前性及培训结果的不确定性。

8.3.4　培训计划的主要内容应包括：

1　培训目标。

2　培训内容。

3　培训对象。

4　培训师资。

5　培训时间。

6　培训地点及培训设施。

7　培训方式方法以及培训经费。

8.4　培训实施

8.4.1　建筑企业对建筑工人的培训每年不少于一次，其培训情况记入个人工作档案。

8.4.2　建筑企业应保障劳务用工培训经费，专款专用。同时应落实专项资金的支持。

8.4.3　培训实施应做好以下工作：

1　培训前应确定劳务用工培训时间、地点、场地、师资、教材、资金等。

2　在培训实施过程中对培训现场进行综合管理，保障培训的顺利进行。

3　培训结束后对培训资料进行整理和归档。

4　对培训是否达到预期目标、培训计划是否具有成效等进行检查与评价，把评估结果反馈给相关部门。

9　劳务分包管理

9.1　一般规定

9.1.1　施工总承包企业、专业承包企业可以作为劳务发包人将劳务作业分包给具有相应能力或劳务资质的劳务分包企业，不得分包给其他不具备能力或劳务资质的劳务分包企业。

9.1.2　劳务分包的方式和内容应当符合法律允许的类型和范围。

9.2　招标管理

9.2.1　劳务作业分包工程招标应当具备下列条件：

1　工程款已经落实。

2　劳务作业已具备开工条件。

3　工程进展需要大量劳动力进场。

4　其他。

9.2.2　劳务作业分包招标可采用直接发包、公开招标、邀请招标的方式选择具有施工能力或资质的劳务作业分包企业。

9.3　投标管理

9.3.1　在公开招标或邀请招标时，投标人应当以书面形式或在招标人设立的电子商务网站中提供资格预审资料。

9.3.2　投标人应向招标人提供以下资格预审资料：

1　企业营业执照和资质证书（必要时）。

2　企业简介。

3　企业自有资金情况及盈利能力。

4　职工人数（包括技术工人数）。

5　各种上岗证书情况。

6　企业自有主要机械设备情况（必要时）。

7　近3年承建的主要工程及其质量情况。

8 其他。

9.4 合同管理

9.4.1 合同的签订

劳务作业分包企业应按发包方招标文件的规定签订劳务分包合同，发包人直接发包劳务作业的，应当在建筑工人进入施工现场前订立劳务分包合同。

应当采用书面形式订立劳务分包合同，由双方企业法定代表人或授权委托人签字并加盖企业公章。

9.4.2 劳务分包合同应当明确以下主要内容：

1 发包人、承包人的单位全称。

2 工程名称、工程地点、劳务作业承包范围及内容、质量标准、劳务分包合同价款。

3 合同工期、工程质量、安全生产、文明施工及调整的要求。

4 劳务分包合同价款、支付方式、时限及保证按时支付的相应措施。

5 劳务分包合同价款调整标准，调整的依据及程序。

6 劳务发包人、劳务分包人的权利和义务。

7 材料、施工机具保管责任。

8 施工现场及建筑工人的管理要求。

9 索赔、违约责任、争议的解决方式。

10 不可抗力因素。

11 发包人、承包人联系方式及发包方的项目经理、承包人的项目负责人的相关信息。

12 其他。

9.4.3 劳务分包合同不得包括大型机械、周转性材料租赁和主要材料采购内容；低值易耗材料可以由劳务作业分包企业采购。

9.4.4 劳务分包合同金额的确定规则宜在发包人招标文件中作出说明。

9.4.5 劳务分包合同签订后，劳务作业分包企业不得进行转包。劳务作业分包企业可采取多种责任制形式组织实施分包作业。

9.4.6 劳务分包合同签订后，劳务分包发包人和承包人应按照工程项目所在地主管部门的要求，办理必要的备案手续。

9.4.7 合同履行

1 劳务分包合同依法签订后，合同双方必须按约定认真履行合同。若一方当事人有违约行为，另一方当事人应及时提出索赔报告。

2 合同履行过程中，确需签订补充协议或变更、解除合同的，应及时按照有关程序办理。

9.4.8 发包人、承包人约定的合同解除条件具备时，双方应签订解除协议。解除协议签订后，施工现场范围内的建筑工人应按约定时间撤离现场。

9.4.9 劳务作业分包企业应对已签订的劳务分包合同进行登记，建立登记表，以便查阅和履约过程管理。

10 劳务施工管理

10.1 一般规定

10.1.1 建立劳务管理制度体系

建筑企业应制定劳务分包管理制度，包括分包招标投标管理、劳务用工管理、现场劳务管理、实名制管理、建筑工人维权管理、建筑工人党工团组织管理、劳务纠纷应急预案等制度。

劳务作业分包企业应建立劳动用工管理、建筑工人党工团组织管理、工资管理、现场劳动管理、生活区管理、维权管理、工资纠纷应急预案等制度。

10.1.2 配置项目管理机构主要人员

劳务作业分包企业在施工现场设立项目管理机构，并派驻项目负责人、技术负责人、质量管理负责人、安全管理负责人等主要管理人员，其劳动合同、岗位证书、社保证明、工资关系证明、工资考勤等资料与中标单位一致。

10.1.3 界定劳务作业分包费用内容

劳务作业分包费用内容包括劳务作业费用、小型手动工具、企业管理费和利润，不得包括主要建筑材料、周转材料和大中型施工机械设备等费用。

10.1.4 支付分包工程款

建筑企业按照合同约定向分包企业支付分包工程款，双方账户名称必须与中标通知书、施工总承包合同、专业工程分包合同、劳务作业分包合同的名称一致。

10.1.5 支付建筑工人工资

劳务作业分包企业设立建筑工人工资专用账户，实行分账管理、保证日结月清、按照合同约定的时间足额支付。劳务分包企业向建筑工人支付工资的账户名称必须与中标通知书、施工总承包合同、专业工程分包合同、劳务作业分包合同的名称一致。

劳务作业分包企业委托施工总承包单位代发建筑工人工资时，按双方的约定执行。

10.2 劳务进场管理

10.2.1 劳务进场管理包括劳务作业分包企业进场管理和建筑工人进场管理。

10.2.2 劳务作业分包企业进场应符合国家和地方法律法规要求，未签订

劳务作业分包合同严禁进场施工。

10.2.3 建筑企业应验证进场分包企业的营业执照、资质证书、安全生产许可证、中标通知书、分包合同等资料，并对企业资质资信进行动态监管。

10.2.4 建筑企业应按照实名制管理要求验证进场建筑工人，劳务分包企业应提交进场劳务作业工人花名册、身份证、劳动用工合同和岗位技能等级证书等资料原件，复印件留存备案至工程完工后3年。

10.2.5 建筑企业应组织分包企业建筑工人入场培训，包括基本安全培训、遵纪守法培训、工作生活环境交底和企业纪律培训等，做好培训记录，未经培训人员不得进场。

10.3 劳务作业管理

10.3.1 进度管理

1 劳务作业分包企业应制定进度管理制度，明确岗位职责，加强过程管控，建立进度考核机制。

2 建筑企业应向劳务作业分包企业进行项目进度计划和进度管理交底。

3 劳务作业分包企业根据进度计划，做好相应的资源配置（劳动力、辅助材料、小型机械等），编制进度实施计划，并对建筑工人进行劳务作业交底。

4 劳务作业分包企业进度计划调整需经过总承包单位审核。

10.3.2 成本管理

1 劳务作业分包企业应制定成本管理制度，明确成本负责人和职能部门，配备专职成本管理人员，做好成本策划、过程管控、预结算、分析和考核。

2 劳务作业分包企业应接受建筑企业的监督，做好分包人工成本控制、材料用量控制、现场经费控制、安全文明施工费用控制等成本要素过程控制。

3 劳务作业分包企业应按月度完成工程量盘点，按进度核算工程计量。

10.3.3 质量管理

1 劳务作业分包企业应制定质量管理制度，明确质量负责人和职能部门，配备专职质量管理人员。

2 建筑企业应与劳务作业分包企业在合同中约定其承担工程的质量标准、质量过程管理、竣工后的保修与服务及质量事故调查处理等责任与义务。

3 建筑企业应指导劳务作业分包企业的技术管理工作，做好技术质量交底，对分包企业编制的施工技术文件进行审核、审批，保证其满足工程项目既定的质量目标的要求。

10.3.4 安全生产管理

1 劳务作业分包企业应制定安全生产管理制度，配置安全生产管理负责人和安全生产管理部门，按照规定配备具备上岗资格的安全员，明确安全生产目标，落实安全生产责任。

2　建筑企业与劳务作业分包企业应在分包合同中约定双方的安全生产责任和义务。

3　劳务作业分包企业应接受建筑企业查验核实三类人员证书、特殊工种上岗证等证件原件并留存复印件。

4　劳务作业分包企业应建立全覆盖、多层次、经常性的安全生产教育培训制度。

5　劳务作业分包企业应遵守总承包单位安全管理制度的规定，做好施工生产过程中的日常安全管理工作，建筑企业应对分包企业的安全生产、文明施工费用投入情况进行监督，并定期组织安全评估。

10.3.5　职业健康管理

1　劳务作业分包企业应按规定为建筑工人缴纳各种保险，定期组织建筑工人开展职业病防治知识宣传，对进场工人进行体检。

2　劳务作业分包企业应进行必要的劳动保护投入，配备合格的安全防护用品。

3　建筑企业应为建筑工人提供基本的生活条件，确保工人生活区安全、整洁卫生，满足消防、防疫要求。工人生活区应设置宿舍、厕所、食堂及娱乐服务设施。

10.3.6　环境保护管理

1　劳务作业分包企业应制定环境管理制度，明确项目负责人为环境管理第一责任人，配备专（兼）职环境保护管理人员，确保资源节约和环境保护目标实现。

2　建筑企业与劳务作业分包企业应在分包合同中将资源节约、环境保护和文明施工目标纳入合同条款并定期考核。

3　劳务作业分包企业应使用符合节能、减排、环保要求的施工机具、物资材料等生产要素。

4　劳务作业分包企业应维护工程项目生产区、生活区环境整洁，并配合建筑企业进行项目能源消耗统计。

10.3.7　劳务分包费用结算管理

1　劳务作业分包企业应按照分包合同约定编制工程计量、月度报量、过程结算、完工决算等报告，及时报送总承单位业审核。

2　建筑企业应按照相关法规和合同约定及时审核劳务作业分包企业的劳务分包费用结算报告，编制劳务分包费用结算书，支付劳务分包费用。

10.4 劳务退场管理

10.4.1 劳务作业分包企业完工退场前，应完成所承担工程的验收，做好先后工序作业面的移交并办理书面手续。

10.4.2 建筑企业按照合同约定的工完场清要求，对劳务作业分包企业的工作内容进行检查。移交建筑工人身份证、劳动合同、技能等级证书等备案材料。及时按约定结清劳务分包费用。监督分包企业结清建筑工人工资。

10.4.3 劳务作业分包企业应退还借领的工具和剩余材料，并结算节超情况。做好生活区物品的归还工作，并做好水电费等结算。劳务作业班组、零散建筑工人中途退场，要及时报建筑企业备案。

10.4.4 劳务作业分包企业退场前必须保证建筑工人工资足额支付。

11 劳务纠纷管理

11.1 一般规定

11.1.1 施工现场劳务纠纷和劳动纠纷由承担总承包责任的建筑企业负总责，各纠纷涉事主体负直接责任。

11.1.2 建筑企业、项目经理部应建立预警机制，将劳务纠纷和劳动纠纷化解在萌芽状态。

11.1.3 建筑企业、项目经理部应杜绝产生恶意讨薪现象。禁止劳务作业分包企业利用劳动纠纷解决经济纠纷。

11.2 处理流程

11.2.1 经济纠纷发生后，建筑企业与劳务作业分包企业双方可以自行协商解决，也可以聘请第三方机构协商解决，协商解决不成时应按合同约定，可以申请仲裁或向法院提起诉讼。

11.2.2 劳动纠纷发生后，建筑工人和分包企业可以协商解决，如果协商不成可以申请劳动仲裁，对仲裁不服的可以向法院提起诉讼。

11.3 处理方法

11.3.1 建筑企业和劳务作业分包企业应成立劳务纠纷主管部门，在施工现场公布联系方式和联系人。发生劳务纠纷时，应由主管负责人和主管部门接洽处理，不得推诿。

11.3.2 建筑企业接到建筑工人劳动纠纷的来访和信访，应协调劳务作业分包企业协商解决，对争议较大的问题可寻求司法途径解决；建筑企业接到劳务作业分包企业经济纠纷的来访和信访，应组织项目经理部和相关部门进行协商解决，对争议较大的问题可寻求司法途径解决。

11.3.3 劳务作业分包企业接到建筑工人劳动纠纷的来访和信访，应以事实和数据为依据做好沟通工作，采取周密的措施，避免矛盾激化。

11.4　应急预案

11.4.1　建筑企业、项目经理部、劳务作业分包企业应制定劳务纠纷、劳动纠纷、突发性群体事件应急预案。

11.4.2　建筑企业和劳务作业分包企业应履行合同承诺，落实应急储备资金。

11.4.3　发生突发性群体性事件时，建筑企业和劳务作业分包企业的主要负责人，必须第一时间赶到现场，启动应急预案，及时向政府主管部门报告，开展危机应急管理，疏导矛盾，解决问题。处理群体事件时，建筑企业是第一责任人，劳务作业分包企业是主要责任人。

11.4.4　建筑企业应与建设单位、公安、人力资源和社会保障部、工会、社区组织等机构建立联动联防机制，应对处治群体事件。

12　劳务资料管理

12.1　一般规定

12.1.1　劳务作业分包企业应建立劳务资料管理制度，并配备专职或兼职资料员。

12.1.2　劳务作业分包企业应收集、整理、立卷劳务施工作业相关资料，并按约定向总承包单位移交。

12.1.3　劳务作业分包企业在劳务施工作业前应编制劳务资料管理计划。

12.1.4　劳务作业分包企业应对劳务资料管理进行考核和总结。

12.2　资料收集

12.2.1　资料员岗位职责

1　劳务作业分包企业内部及与总承包单位等相关部门往来文件及资料的收发、传阅、保管。

2　劳务作业分包企业所涉及到的工程图纸等技术文件的收发、登记、借阅、整理、保管。

3　参与劳务施工作业管理，做好劳务施工作业过程各类文件资料的收集、核查、登记、传阅、整理、保管。

4　工程管理信息的检索和查询、收集、整理、传阅、保存。

5　劳务资料的分类、组卷、归档、移交。

12.2.2　劳务分包作业企业应对劳务资料进行分类和编码。劳务资料分类包括：

1　劳务作业分包企业基础资料。

2　劳务施工作业过程的进度、成本、质量、安全生产等管理资料。

3　劳务施工作业过程的协调管理资料。

4　建筑工人考勤、工资发放等相关资料。

5　劳务分包费用结算资料。

6　其他资料。

劳务资料编码应按总承包单位的规定执行。

12.2.3　劳务资料的收集与整理

劳务作业分包企业应以劳务施工作业及相关过程中形成的重要资料为主收集、整理劳务资料。一般包括：

1　劳务施工作业前资料的收集、整理。

2　劳务施工作业过程资料的收集、整理。

3　劳务施工作业结束阶段资料的收集、整理。

12.2.4　劳务作业分包企业应配合总承包单位进行竣工验收资料的收集与整理。

12.3　资料归档

12.3.1　资料归档应符合下列规定：

1　必须完整、准确，能够反映劳务分包作业活动的全过程。

2　必须经过分类整理，归档范围及质量应符合相关要求。

12.3.2　资料归档时间应符合下列规定：

1　根据施工程序和工程特点，资料归档可以分阶段、分期进行。

2　劳务作业分包企业应当在劳务施工作业完工前或工程竣工验收前，将形成的劳务资料向施工总承包单位归档。

12.3.3　劳务作业分包企业整理立卷的劳务资料应符合施工总承包单位的数量和质量要求。

12.3.4　劳务作业分包企业移交劳务资料档案时，应编制移交清单，双方签字、盖章后方可交接。

12.4　资料保存

12.4.1　劳务作业分包企业应建立劳务资料档案保存管理制度。

12.4.2　劳务作业分包企业应安排专职或兼职人员管理劳务资料档案。

12.4.3　劳务作业分包企业应根据劳务资料分类进行相应的保存时限管理。

12.4.4　劳务作业分包企业应做好劳务资料档案的收放记录，并定期进行检查。

13　劳务管理绩效评价

13.1　一般规定

13.1.1　建筑企业应制定和实施劳务管理绩效评价制度，规定相关职责和工作程序。

13.1.2　劳务管理绩效评价可在劳务管理相关过程或劳务作业完成后实施，评价过程应公开、公平、公正。

13.1.3 劳务管理绩效评价应采用适合劳务作业特点的评价方法，定性评价与定量评价相结合。

13.1.4 劳务管理绩效评价结果应作为持续改进的依据。

13.2 评价流程

13.2.1 劳务管理绩效评价应包括下列流程：

1 成立绩效评价机构。

2 确定绩效评价专家。

3 制定绩效评价标准。

4 形成绩效评价结果。

13.2.2 建筑企业应组建劳务管理绩效评价机构，并规定其职责。评价机构应在规定时间内完成劳务管理绩效评价，确定不同等级的评价结果。

13.2.3 劳务管理绩效评价专家应具备相关资格和水平，具有劳务管理或项目管理的实践经验和能力，保持相对的独立性。

13.2.4 劳务管理绩效评价标准应由劳务管理绩效评价机构负责制定，评价标准应符合劳务管理规律、实践要求和发展趋势。

13.3 评价内容

13.3.1 劳务管理绩效评价应包括下列内容：

1 劳务收入规模。

2 劳务管理特点。

3 劳务管理模式。

4 劳务管理创新。

5 劳务分包合同履约。

6 相关方满意度。

7 劳务管理成果。

8 其他。

13.3.2 劳务管理绩效评价内容的确定与调整应简单易行、便于评价、与时俱进、创新改进。

13.4 评价指标

13.4.1 劳务管理绩效评价应包括下列指标：

1 工期、质量、成本、安全、环保等目标完成情况。

2 合同履约率。

3 相关方满意度。

4 持续改进能力。

5 综合效益。

6 其他。

13.4.2 劳务管理绩效评价指标应层次明确、表述准确、计算合理，体现劳务管理绩效的内在特征。

13.5 评价方法

13.5.1 劳务管理绩效评价机构应在评价前，根据评价目的需求确定评价方法。

13.5.2 劳务管理绩效评价机构宜以百分制形式对项目管理绩效进行打分，在合理确定各项评价指标权重的基础上，得出综合评分。

13.5.3 劳务管理绩效评价完成后，建筑企业应总结评价经验，评估评价过程的改进需求，采取相应措施提高劳务管理绩效评价水平。

3.9 关于深化产业工人队伍建设改革的意见

2024 年 10 月 12 日，中共中央、国务院发布《关于深化产业工人队伍建设改革的意见》。产业工人是工人阶级的主体力量，是创造社会财富的中坚力量，是实施创新驱动发展战略、加快建设制造强国的骨干力量。为推动产业工人队伍建设改革走深走实，提出如下意见。

一、总体要求

坚持以习近平新时代中国特色社会主义思想为指导，全面贯彻党的二十大和二十届二中、三中全会精神，深入贯彻习近平总书记关于工人阶级和工会工作的重要论述，坚持和加强党的全面领导，坚持全心全意依靠工人阶级的根本方针，深刻领悟"两个确立"的决定性意义，增强"四个意识"、坚定"四个自信"、做到"两个维护"，坚持系统观念、问题导向、守正创新，深化产业工人队伍建设改革，团结引导产业工人在中国式现代化建设中发挥主力军作用。

主要目标是：通过深化产业工人队伍建设改革，思想政治引领更加扎实，产业工人听党话跟党走的信念更加坚定，干事创业的激情动力更加高涨，主人翁地位更加显著，成就感获得感幸福感进一步增强；劳动光荣、技能宝贵、创造伟大的社会氛围更加浓厚；产业工人综合素质明显提升，大国工匠、高技能人才不断涌现，知识型技能型创新型产业工人队伍不断壮大。力争到 2035 年，培养造就 2000 名左右大国工匠、10000 名左右省级工匠、50000 名左右市级工匠，以培养更多大国工匠和各级工匠人才为引领，带动一流产业技术工人队伍建设，为以中国式现代化全面推进强国建设、民族复兴伟业提供有力人才保障和技能支撑。

二、强化思想政治引领，团结引导产业工人坚定不移听党话跟党走

（一）持续强化产业工人队伍思想政治工作。坚持不懈用习近平新时代中国特色社会主义思想凝心铸魂，推动党的创新理论在产业工人中落地生根，结合实际做好网上思想政治引领，持续抓好主题宣传教育，开展普遍轮训。鼓励支持大国工匠、高技能人才参加国情研修，鼓励支持产业工人参加青年马克思主义者培养工程，深化社会主义核心价值观教育，筑牢团结奋斗的共同思想基础。

（二）加强产业工人队伍党建工作。加强企业党组织建设。加强新经济组织、新就业群体党建工作，及时有效扩大党的组织覆盖和工作覆盖。持续解决国有企业党员空白班组问题。加强在产业工人中发展党员，注重把生产经营骨干培养成党员。

（三）大力弘扬劳模精神、劳动精神、工匠精神。做实"中国梦·劳动美"主题宣传教育。在劳动模范、五一劳动奖章、青年五四奖章、三八红旗手等评选工作中，加大对产业工人的宣传力度。深入开展"劳模工匠进校园"行动，把劳模精神、劳动精神、工匠精神纳入大思政课工作体系，支持在大中小学设立劳模工匠兼职辅导员，在职业学校（含技工院校，下同）开设"劳模工匠大讲堂"，在高等学校设立劳模工匠兼职导师。组织开展劳模工匠进企业、进社区、进机关宣传活动。

三、发展全过程人民民主，保障产业工人主人翁地位

（四）落实产业工人参与国家治理的制度。落实保障产业工人主人翁地位的制度安排。组织开展党的代表大会代表和委员会委员、人大代表、政协委员、群团组织代表大会代表和委员会委员中的产业工人教育培训。引导产业工人依法行使民主权利，有序参与国家治理、社会治理、基层治理。

（五）完善企业民主管理制度。健全以职工代表大会为基本形式的企事业单位民主管理制度，涉及产业工人切身利益的重大事项必须依法依章程经职工代表大会审议通过。坚持和完善职工董事、职工监事制度，深化厂务公开，积极利用数字技术为产业工人民主参与提供更为精准便捷的服务。

（六）健全劳动关系协商协调机制。全面落实劳动合同制度，推进集体协商和集体合同制度。建立健全各级协调劳动关系三方委员会，发挥国家协调劳动关系三方机制、地方政府和同级工会联席会议制度作用，把推进产业工人队伍建设改革列入重要议程。完善基层劳动关系治理机制，提升劳动关系公共服务水平，开展全国基层劳动关系公共服务站点标准化工作。推进区域和谐劳动关系高质量发展改革创新试点。积极推进行业、企业和工业园区构建和谐劳动关系。

（七）加强对产业工人主人翁地位的宣传引导。主流媒体要加大对产业工人主人翁地位的宣传力度，创作出版、制作播出更多反映产业工人风貌的优秀文学艺术、网络视听和影视作品等，营造崇尚劳模、尊重劳动、尊崇工匠的社会氛围。

四、适应新型工业化发展需求，完善产业工人技能形成体系

（八）推动现代职业教育高质量发展。加快构建职普融通、产教融合的职业教育体系。坚持以教促产、以产助教、产教融合、产学合作，培育一批行业领先的产教融合型企业，打造一批核心课程、优质教材、教师团队、实践项目。实施现代职业教育质量提升计划、职业学校教师素质提高计划，支持大国工匠、高技能人才兼任职业学校实习实训教师。提升办学条件和教学能力，创建一批具有较高国际化水平的职业学校。

（九）加大复合型技术技能人才培养力度。健全产业工人终身职业技能培训制度，为发展新质生产力、推动高质量发展培养急需人才。大力实施技能中国行动、职业教育现场工程师专项培养计划、青年技能人才锻造行动，全面推进工学一体化技能人才培养模式。

（十）落实企业培养产业工人的责任。构建以企业为主体、职业学校为基础，政府推动、社会支持、工会参与的技能人才培养体系。鼓励大型企业制定技能人才发展战略，健全产业工人培训制度，积极开展公共职业技能培训。企业按规定足额提取和使用职工教育经费，确保60%以上用于一线职工教育和培训。发挥工会系统、行业协会、社会培训机构作用，帮助中小企业开展技能培训。

（十一）促进产业工人知识更新和学历提升。实施产业工人继续教育项目，鼓励更多高等学校、开放大学开设劳模和工匠人才、高技能人才学历教育班、高级研修班，举办劳模工匠创新培训营，持续深化劳模工匠、高技能人才境外培训和国际交流活动。发挥国家各类职业教育智慧教育平台作用。打造全国产业工人智能化技能学习平台。充分发挥工人文化宫等社会公益阵地作用，向农民工、新就业形态劳动者提供普惠制、普及性技能培训服务。

五、健全职业发展体系，促进产业工人成长成才

（十二）畅通产业工人向上发展通道。建立以创新能力、质量、实效、贡献为导向，注重劳模精神、劳动精神、工匠精神培育和职业道德养成的技能人才评价体系。把大国工匠、高技能人才纳入党管人才总体安排统筹考虑，支持各地将急需紧缺技能人才纳入人才引进目录。深入实施职业技能等级认定提质扩面行动。健全"新八级工"职业技能等级制度。

（十三）贯通产业工人横向发展机制。引导企业建立健全产业工人职业

生涯指导计划。推进学历教育学习成果、非学历教育学习成果、职业技能等级学分转换互认。建立职业资格、职业技能等级与相应职称、学历的双向比照认定制度，健全专业技术岗位、经营管理岗位、技能岗位互相贯通的长效机制。

六、维护劳动经济权益，增强产业工人成就感获得感幸福感

（十四）提高产业工人经济收入。坚持多劳者多得、技高者多得、创新者多得，进一步完善收入分配制度，提高劳动报酬在初次分配中的比重。完善产业工人工资决定、合理增长、支付保障机制，健全按要素分配政策制度。多措并举推动企业建立健全基于岗位价值、能力素质、创新创造、业绩贡献的技能人才薪酬分配制度，以提高技能人才薪酬待遇为重点开展工资集体协商，探索对大国工匠、高技能人才实行年薪制、协议工资制和股权激励等。指导有条件的地区发布分职业（工种、岗位）、分技能等级的工资价位信息。

（十五）加强产业工人服务保障。建立以社会保障卡为载体的产业工人电子档案，实现培训信息与就业、社会保障信息联通共享、服务事项一网通办。督促企业与产业工人签订书面劳动合同。严格规范劳务派遣用工，保障劳动者合法权益。坚持和发展新时代"枫桥经验"，完善劳动争议多元处理机制，妥善化解劳动领域矛盾纠纷。强化劳动保障监察执法，加强与劳动人事争议调解仲裁联动，依法纠治劳动领域违法侵权行为。

（十六）有效维护产业工人安全健康权益。压实企业安全生产责任，实施高危行业领域从业人员安全技能提升专项行动，发挥职工代表大会对企业安全生产工作的监督作用。加强对高危行业建设项目的劳动安全保护。加强职业病防治。督促企业依法落实工时和休息休假制度，健全并落实产业工人疗养休养制度，促进产业工人身心健康。

（十七）做好新就业形态劳动者维权服务工作。研究推动新就业形态领域立法。全面推行工会劳动法律监督"一函两书"，加强对平台企业和平台用工合作企业的监管。积极做好新就业形态劳动者建会入会和维权服务工作，畅通诉求表达渠道，解决急难愁盼问题。健全灵活就业人员、农民工、新就业形态劳动者社保制度，扩大新就业形态劳动者职业伤害保障试点。推动平台企业建立与工会、劳动者代表常态化沟通协商机制。

七、搭建建功立业平台，发挥产业工人主力军作用

（十八）深入开展劳动和技能竞赛。围绕重大战略、重大工程、重大项目、重点产业，广泛开展各层级多形式的竞赛活动。持续办好各级各类职业技能赛事活动。支持企业开展形式多样的劳动竞赛、技能比武，不断激发产业工人投身推动高质量发展的积极性主动性创造性。

（十九）激发产业工人创新创造活力。鼓励产业工人立足工作岗位、解决现场实际问题，广泛开展面向生产全过程的技术革新、技术创新、技术攻关、技术创造和小发明、小创造、小革新、小设计、小建议等群众性创新活动，完善发挥企业班组作用的制度。引导和支持大国工匠、高技能人才参与重大技术革新、科技攻关项目。加强产业工人创新成果知识产权保护，做好产业工人申报国家科技进步奖等工作。

（二十）发挥劳模和工匠人才的示范引领作用。加强劳模工匠创新工作室、技能大师工作室、职工创新工作室、青创先锋工作室等平台建设。推动在专精特新中小企业、专精特新"小巨人"企业中加强创新工作室建设。鼓励发展跨区域、跨行业、跨企业的创新工作室联盟。实施"劳模工匠助企行"，促进专精特新中小企业发展。

八、壮大产业工人队伍，不断巩固党长期执政的阶级基础和群众基础

（二十一）稳定制造业产业工人队伍。支持制造业企业围绕转型升级和产业基础再造工程项目，实施制造业技能根基工程和制造业人才支持计划。统筹推进制造业转型升级和保持产业工人队伍稳定，支持和引导企业加强转岗培训，提高产业工人多岗位适应能力。

（二十二）大力培养大国工匠。实施大国工匠人才培育工程。持续办好大国工匠创新交流大会暨大国工匠论坛。加强巾帼工匠培养，充分发挥作用。广泛深入开展工匠宣传，在全社会大力弘扬工匠精神，讲好工匠故事，按规定开展表彰工作。

（二十三）吸引更多青年加入产业工人队伍。加强政策支持和就业指导、就业服务，搭建校企对接平台。改善工作环境和劳动条件，丰富精神文化生活，增强制造业岗位对青年的吸引力。搭建产业工人成长发展平台，引导更多大学生走技能成才、技能报国之路。

（二十四）把农民工培养成高素质现代产业工人。围绕产业转型升级，加强对农民工的技能培训，广泛实施求学圆梦行动。促进农民工融入城市，进一步放开放宽城市落户政策，促进进城农民工平等享有城镇基本公共服务。加大公益法律服务惠及农民工力度，保障合法权益，促进稳定就业。

九、加强组织领导，合力推进产业工人队伍建设改革

（二十五）强化组织保障。各级党委和政府要加强对产业工人队伍建设改革的组织领导，强化统筹协调，结合实际抓好本意见贯彻落实。各级工会要牵头抓总，各级产业工人队伍建设改革组织推进机构要加强分类指导，推动形成工作合力。推动促进产业工人队伍建设方面的立法。

（二十六）发挥企业作用。强化国有企业政治责任，充分发挥中央企业和地方大型国有企业带动作用。支持民营企业更好履行社会责任。鼓励企业将产业工人队伍建设改革情况纳入企业社会责任报告、可持续发展报告。发布推进产业工人队伍建设改革蓝皮书。对推进产业工人队伍建设改革成效显著的企业，各级党委和政府以及工会等按规定予以表彰和相应政策支持。

（二十七）健全社会支持体系。加大对产业工人队伍建设改革的宣传力度，营造浓厚社会氛围。建立产业工人队伍数据统计、调查、监测体系。加强产业工人队伍建设改革课题研究。

提升篇

第4章 劳务管理工作难点及解析

4.1 劳动定额的制定

◎**工作难点：**劳动定额的制定是劳务管理的一项重要基础工作，其工作难点在于两个方面，一是劳动定额的计算，二是工作时间的确定。

解 析

4.1.1 劳动定额的计算

劳动定额的表现形式分为时间定额和产量定额两种。

1. **时间定额的计算**

时间定额是指在一定的生产技术和生产组织条件下，某工种、某种技术等级的工人小组或个人，完成符合质量要求的单位产品所必需的工作时间。时间定额以工日为单位，每个工日工作时间按现行制度规定为 8 小时。其计算方法如下：

单位产品时间定额（工日）＝1÷每日产量　或

单位产品时间定额（工日）＝小组成员工日数的总和÷台班产量

2. **产量定额的计算**

产量定额是指在一定的生产技术和生产组织条件下，某工种、某种技术等级的工人小组或个人，在单位时间内（工日）应完成合格产品的数量。其计算方法如下：

每工产量＝1÷单位产品时间定额（工日）　或

台班产量＝小组成员工日数的总和÷单位产品的时间定额（工日）

时间定额与产量定额互为倒数，成反比例关系，即：

时间定额 × 产量定额＝1

时间定额＝1÷产量定额

$$产量定额 = 1 \div 时间定额$$

3. 劳动定额的制定方法

一般常用的劳动定额制定方法有四种，即：经验估工法、统计分析法、比较类推法和技术测定法。

（1）经验估工法

经验估工法是由工时定额员和具有经验的技工依据工序或图纸的工艺要求，

再考虑到现场应用的设备工装、原材料及其他生产条件，结合实际经验来制定劳动定额。

（2）统计分析法

对多个施工作业组或多个操作工人所实施的相同工序施工的数据进行统计，计算出平均先进数据，以此作为劳动定额。

（3）比较类推法

对于具有可比性的施工工序，按比例系数推算出劳动定额。

（4）技术测定法

按照分解工序、分析设备状况、分析生产组织与劳动组织、现场观察和分析计算等步骤计算出劳动定额。

4.1.2　工作时间的确定

工作时间的确定是在一定的标准测定条件下，测量操作工人完成某项工序作业活动所需的时间。工作时间的测定只有在工作条件（包括环境条件、设备条件、工具条件、材料条件、管理条件等）不变，且都已经标准化、规范化的前提下，才是有效的。

在建筑业中进行工作时间测定相对来说困难更多。主要原因是建筑工程的单件性，大多数施工项目的施工方案和生产组织方式是临时性质的，每个工程项目几乎都是完成独特的工作任务，同时施工过程受到的干扰因素多，完成某项工作时的工作条件和现场环境相对不稳定，操作的标准化、规范化程度低。因此，要做好两个方面的工作。

1. 施工过程分解

施工过程是指在施工现场对工程所进行的生产过程。研究施工过程的目的是要认识工程建造过程的组成及其构造规律，以便根据工作时间测定的要求对其进行必要的分解。按不同的分类标准，施工过程可以分成不同的类型。

（1）按施工过程的完成方法分类，分为手工操作过程（手动过程）、机械化过程（机动过程）和机手并动过程（半机械化过程）。

（2）按施工过程劳动分工的特点不同分类，分为个人完成的过程、工人班组完成的过程和施工队完成的过程。

（3）按施工过程组织上复杂程度分类，分为工序、工作过程和综合工作过程。

1）工序是组织上分不开和技术上相同的施工过程。工序的主要特征是：工人班组、工作地点、施工工具和材料均不发生变化。如果其中有一个因素发生了变化，就意味着从一个工序转入了另一个工序。工序可以由一个人来完成，也可以由工人班组或施工队几名工人协同完成；可以由手动完成，也可以由机械操作完成。将一个施工工程分解成一系列工序，是为了分析、研究各工序在施工过程中的必要性和合理性。测定每个工序的工时消耗，分析各工序之间的关系及其衔接时间，最后测定工序上的时间消耗标准。

2）工作过程是由同一工人或同一工人班组所完成的在技术操作上有机相互联系的工序的总和。其特点是在此过程中生产工人的编制不变、工作地点不变，而材料和工具则可以发生变化。例如，同一组生产工人在工作面上进行铺砂浆、砌砖、刮灰缝等工序的操作，从而完成砌筑砖墙的生产任务，在此过程中生产工人的编制不变、工作地点不变，而材料和工具则发生了变化，由于铺砂浆、砌砖、刮灰缝等工序是砌筑砖墙这一生产过程不可分割的组成部分，它们在技术操作上相互紧密地联系在一起，所以这些工序共同构成一个工作过程。从施工组织的角度看，工作过程是组成施工过程的基本单元。

3）综合工作过程是同时进行的、在施工组织上有机地联系在一起的、最终能获得一种产品的工作过程的总和。例如，现场浇筑混凝土构件的生产过程，是由搅拌、运送、浇捣及养护混凝土等一系列工作过程组成。施工过程的工序或其组成部分，如果以同样次序不断重复，并且每经一次重复都可以生产同一种产品，则称为循环的施工过程。反之，若施工过程的工序或其组成部分不是以同样次序重复，或者生产出来产品各不相同，这种施工过程则称为非循环的施工过程。

2. 施工过程工作时间的确定

操作工人在工作班内消耗的工作时间，按其消耗的性质可以分为两大类：必须消耗的时间（定额时间）和损失时间（非定额时间）。

（1）必须消耗的时间（定额时间）

必须消耗的时间是指工人在正常施工条件下，为完成一定产品所消耗的时间。它是制定定额的主要依据。必须消耗的时间包括有效工作时间、不可避免的中断所消耗的时间和休息时间。

1）有效工作时间是从生产效果来看与产品生产直接相关的时间消耗，包括基本工作时间、辅助工作时间、准备与结束工作时间。基本工作时间是工人完成基本工作所消耗的时间，也就是完成能生产一定产品的施工工艺过程所消耗的时间。

基本工作时间的长短与工作量的大小成正比。辅助工作时间是为保证基本工作能顺利完成所做的辅助性工作消耗的时间。如工作过程中工具的校正和小修、机械的调整、工作过程中机器上油、搭设小型脚手架等所消耗的工作时间。辅助工作时间的长短与工作量的大小有关。准备与结束工作时间是执行任务前或任务完成后所消耗的工作时间。如工作地点、劳动工具和劳动对象的准备工作时间，工作结束后的调整工作时间等。准备与结束工作时间的长短与所负担的工作量的大小无关，但往往和工作内容有关。这项时间消耗可分为班内的准备与结束工作时间和任务的准备与结束工作时间。

2）不可避免的中断时间是由于施工工艺特点引起的工作中断所消耗的时间。如汽车司机在汽车装卸货时消耗的时间。与施工过程工艺特点有关的工作中断时间，应包括在定额时间内；与工艺特点无关的工作中断所占有的时间，是由于劳动组织不合理引起的，属于损失时间，不能计入定额时间。

3）休息时间是工人在工作过程中为恢复体力所必需的短暂休息和生理需要的时间消耗，在定额时间中必须进行计算。

（2）损失时间（非定额时间）

损失时间是指与产品生产无关，而与施工组织和技术上的缺点有关，与工作过程中个人过失或某些偶然因素有关的时间消耗。损失时间包括多余和偶然工作、停工、违背劳动纪律所引起的工时损失。

1）多余工作，就是工人进行了任务以外的工作而又不能增加产品数量的工作。如重砌质量不合格的墙体、对已磨光的水磨石进行多余的磨光等。多余工作的工时损失不应计入定额时间中。

2）偶然工作也是工人在任务以外进行的工作，但能够获得一定产品。如电工铺设电缆时需要临时在墙上开洞，抹灰工不得不补上偶然遗留的墙洞等。在拟订定额时，可适当考虑偶然工作时间的影响。

3）停工时间可分为施工本身造成的停工时间和非施工本身造成的停工时间两种。施工本身造成的停工时间，是由于施工组织不善、材料供应不及时、工作面准备工作做得不好、工作地点组织不良等情况引起的停工时间。非施工本身造成的停工时间，是由于气候条件以及水源、电源中断引起的停工时间。后一类停工时间在定额中可以适当考虑。

4）违背劳动纪律造成的工作时间损失，是指工人迟到、早退、擅自离开工作岗位、工作时间内聊天等造成的工时损失。这类时间在定额中不予考虑。

4.2 劳动力需求计划

解析

4.2.1 劳动力需求计划编制的核心要点

劳动力需求计划是工程项目计划体系的重要组成部分。编制劳动力需求计划要掌握以下核心要点：

1. 要准确计算工程量和施工工期。劳动力管理计划的编制质量，不仅与计算的工程实物量的准确程度有关，而且与工期计划合理与否有直接的关系。工程量越准确，工期越合理，劳动力使用计划越准确。

2. 根据工程的实物量和定额标准分析劳动力需用总工日，确定施工生产工人、工程技术人员的数量和比例，以便对现有劳动力进行调整、组织、培训，以满足现场施工的劳动力需求。

3. 要保持劳动力均衡使用。如果劳动力使用不均衡，出现过多、过大的需求高峰或低谷，不仅会给劳动力调配带来困难，还会增加劳动力的管理成本，并由此带来住宿、交通、饮食、施工工具等方面的问题。

4.2.2 劳动力总量需求计划的编制程序及对应的计算方法

工程项目劳动力的需求量不仅决定了劳动力的招聘计划、培训计划，而且直接影响其他管理计划的编制。劳动力总量需求计划的编制程序包括确定劳动效率、确定劳动投入总工时、确定劳动力投入量、编制劳动力需求计划等步骤。

1. 确定劳动效率

确定劳动力的劳动效率是劳动力需求计划编制的重要前提，只有确定了劳动力的生产效率，才能制定出科学、合理的计划。建设工程施工中，劳动效率通常用"产量／单位时间"或"工时消耗量／单位工作量"来表示。对于一个具体的工程而言，分项工程量一般是确定的，它可以通过图纸和工程量清单的规范计算得到，而劳动效率的确定却十分复杂。在建设工程领域，劳动效率可以在地方政府主管机构发布的劳动定额中直接查到，通常代表社会平均先进水平的劳动效率。但在实际应用时，必须考虑到具体情况，如环境、气候、地形、地质、工程特点、实施方案的特点、现场平面布置、劳动组合、施工机具等，进行合理调整。通常，建筑企业也会根据本企业的技术和管理水平以及经验积累，编制具有市场竞争力的劳动定额。

2. 确定劳动投入总工时

根据劳动力的劳动效率，可以计算出劳动力投入的总工时，即：

劳动力投入总工时＝工程量 × 工时消耗量 / 单位工程量

3. 确定劳动力投入量

劳动力投入量也称劳动组合或投入强度，在劳动力投入总工时一定的情况下，假设在持续的时间内，劳动力投入强度相等，而且劳动效率也相等，在确定每日班次（班次／日）及每班次的劳动时间（工时／班次）时，可计算：

劳动力投入量＝劳动力投入总工时 / [（班次／日）×（工时／班次）× 活动持续时间]；或者：

＝（工程量 × 工时消耗量 / 单位工程量）/[（班次／日）×（工时／班次）× 活动持续时间]

4. 编制劳动力需求计划

根据上述确定的劳动力（工种）投入量以及施工进度计划，可以确立各工种用工数量和工种施工进场时间，并编制出劳动力（工种）需求计划表。

在编制劳动力需求量计划表时，由于工程量、劳动力投入量、持续时间、班次、劳动效率、每班工作时间之间存在一定的变量关系，因此，在计划中要注意他们之间的相互调节。

4.3 劳动合同管理

◎**工作难点：**劳动合同关系建筑产业工人的基本权益保障。能否掌握劳动合同的种类、劳动合同的必备条款、劳动合同的法律效力是劳动合同管理的工作难点。

解析

4.3.1 劳动合同的种类

劳动合同是劳动者和用人单位（企业、事业、机关、团体等）之间关于确立、变更和终止劳动权利和义务的协议。劳动合同可以按期限、用工方式、存在形式划分为不同的种类。

1. 按照劳动合同期限划分

（1）有固定期限的劳动合同。用人单位与劳动者协商一致，可以订立固定期限劳动合同。它可以是长期的；也可以是短期的，由双方当事人根据工作需要和各自的实际情况确定。

（2）无固定期限的劳动合同。双方当事人在劳动合同上只规定该合同生效的起始日期，并没有规定其终止日期。订立这种劳动合同，除法律、法规另有规定外，用人单位和劳动者之间能够保持较为长期、稳定的劳动关系。签订无固定期限的劳动合同，除了双方当事人协商选择外，在一定条件下，成为用人单位的一项法定义务。如《劳动法》第二十条第二款规定：劳动者在同一用人单位连续工作满十年以上，当事人双方同意延续劳动合同的，如果劳动者提出订立无固定期限的劳动合同，应当订立无固定期限的劳动合同。《劳动合同法》第十四条第二款还明确规定：应当订立无固定期限劳动合同的情形还有……（二）用人单位初次实行劳动合同制度或者国有企业改制重新订立劳动合同时，劳动者在该用人单位连续工作满十年且距法定退休年龄不足十年的；（三）连续订立二次固定期限劳动合同，且劳动者没有本法第三十九条和第四十条第一项、第二项规定的情形，续订劳动合同的。用人单位自用工之日起满一年不与劳动者订立书面劳动合同的，视为用人单位与劳动者已订立无固定期限劳动合同。

（3）以完成一定工作任务为期限的劳动合同。用人单位与劳动者约定以某项工作的完成为合同期限的劳动合同。当约定的工作或工程完成后，合同即行终止。

2. 按照用工方式的不同划分

（1）全日制用工劳动合同。劳动者按照国家法定工作时间，从事全职工作的劳动合同。

（2）非全日制用工劳动合同。劳动者按照国家法律的规定，从事部分时间工作的劳动合同。《劳动合同法》第六十八条至第七十二条规定：①非全日制用工，是指以小时计酬为主，劳动者在同一用人单位一般平均每日工作时间不超过4小时，每周工作时间累计不超过24小时的用工形式；②非全日制用工双方当事人可以订立口头协议；③从事非全日制用工的劳动者可以与一个或一个以上用人单位订立劳动合同，但是后订立的劳动不得影响先订立的劳动合同的履行；④非全日制用工双方不得约定试用期；⑤非全日制用工双方当事人任何一方都可以随时通知对方终止用工。终止用工，用人单位不向劳动者支付经济补偿；⑥非全日制用工小时计酬标准不得低于用人单位所在地人民政府规定的最低小时工资标准；⑦非全日制用工劳动报酬结算支付周期最长不得超过15日。

（3）劳务派遣用工劳动合同。它是指劳务派遣单位与被派遣劳动者之间订立的劳动合同。《劳动合同法》第五十八条至第六十七条对劳务派遣专门作了特别规定：①劳务派遣单位与被派遣劳动者订立的劳动合同，除应当载明本法第十七条规定的事项外，还应当载明被派遣劳动者的用工单位以及派遣期限、工作岗位等情况；②劳务派遣单位应当与被派遣劳动者订立二年以上的固定期限劳动合同，按月支付劳动报酬；③被派遣劳动者在无工作期间，劳务派遣单位应当按照所在地人民政府规定的最低工资标准，向其按月支付报酬；④劳务派遣单位派遣劳动者应当与接受以劳务派遣形式用工的单位（以下称用工单位）订立劳务派遣协议。劳务派遣单位应当将劳务派遣协议的内容告知被派遣劳动者；不得克扣用工单位按照劳务派遣协议支付给被派遣劳动者的劳动报酬，劳务派遣单位和用工单位不得向被派遣劳动者收取费用；⑤劳务派遣单位跨地区派遣劳动者的，被派遣劳动者享有的劳动报酬和劳动条件，按照用工单位所在地的标准执行；⑥被派遣劳动者享有与用工单位的劳动者同工同酬的权利；⑦被派遣劳动者有权在劳务派遣单位或用工单位依法参加或者组织工会，维护自身的合法权益。

3. 按照劳动合同存在的形式不同划分

（1）书面劳动合同。以法定的书面形式订立的劳动合同。此类劳动合同适用于当事人的权利、义务需要明确的劳动关系。《劳动法》第十九条、《劳动合同法》第十条都明确规定：建立劳动关系，应当订立书面劳动合同。已建立劳动关系，未同时订立书面劳动合同的，应当自用工之日起一个月内订立的书面劳动合同。书面劳动合同是由双方当事人达成权利、义务协议后用文字形式固定下来，作为存在劳动关系的凭证。

（2）口头劳动合同。由劳动关系当事人以口头约定的形式产生的劳动合同。《劳动合同法》第六十九条规定：非全日制用工双方当事人可以订立口头协议。这类劳动合同适用于当事人之间的权利、义务可以短时间内结清的劳动关系。

4.3.2 劳动合同的必备条款

劳动合同的内容是劳动者与用人单位双方，通过平等协商所达成的关于劳动权利和劳动义务的具体条款。它是劳动合同的核心部分，双方当事人必须认真对待，一经签订，即应遵守执行，不得任意违反。劳动合同的必备条款有：

1. 劳动合同期限和试用期限

（1）劳动合同期限

劳动合同期限是合同的有效时间，始于劳动合同生效之时，终于劳动合同终止或解除之时。劳动合同可以有固定期限，也可以无固定期限，或者以完成一定的工作为期限。劳动合同期满即终止。终止的要出现终止的条件，劳动合同的终止条件是指在劳动合同履行过程中，当出现某种事件或某种行为时，劳动合同即终止。劳动合同终止的条件只能是时间之外的某种事件或行为。劳动合同中应有规定期限的条款，若没有规定又不能通过其他方法明确必要的期限时，劳动合同不能成立。就具体的劳动合同而言，当事人在不违背法律禁止性规定的前提下，可自行协商解除合同期限。

（2）试用期限

根据《劳动合同法》的规定，试用期限有以下几种情况：其一，劳动合同期限三个月以上不满一年的，试用期不得超过一个月；劳动合同期限一年以上不满三年的，试用期不得超过三个月；三年以上固定期限和无固定期限的劳动合同，试用期不得超过六个月。其二，同一用人单位与同一劳动者只能约定一次试用期。其三，以完成一定工作任务为期限的劳动合同或劳动合同期限不满三个月的，不得约定试用期。其四，试用期包含在劳动合同期限内，劳动合同仅约定试用期的，试用期不成立，该期限视为劳动合同期限。

2. 工作内容和工作时间

（1）工作内容

工作内容是劳动者为用人单位提供的劳动，是劳动者应履行的主要义务。劳动者被录用到用人单位以后，应担任何种工作或职务，工作上应达到什么要求等，应在劳动合同中加以明确。双方在协商一致的基础上明确劳动者所应从事工作的类型及其应达到的数量指标、质量指标等，也可以参照同行业的通常情形来执行。关于工作的时间、地点、方法和范围等，法律有统一规定的，依照法律执行；没有统一规定的，可由双方协商，但不能违背法律的基本原则。

（2）工作时间

工作时间是劳动者在用人单位应从事劳动的时间，包括每日应工作的时间和每周应工作的天数。根据《国务院关于职工工作时间的规定》，我国目前实行的是每日工作8小时，每周工作40小时的标准工作制。因工作性质或生产特点的限制，不能实行每日8小时，每周工作40小时的标准工时制度的，可以实行缩短工时制、综合计算工时制、不定时工时制等。劳动者和用人单位都要遵守劳动法规定的工时制度，用人单位不得随意延长工作时间，依法延长劳动时间的，应按国家规定的标准支付劳动报酬。

3. 劳动报酬和社会保险、福利待遇

（1）劳动报酬

用人单位向劳动者支付劳动报酬，是用人单位的主要义务。与此相对应，获得劳动报酬是劳动者的主要权利。劳动报酬专指在劳动法中所调整的劳动者基于劳动关系而取得的各种劳动收入，其主要支付形式是工资，此外还有津贴、奖金等。在劳动合同中应明确劳动报酬的数额，支付方法，奖金、津贴的数额及获得的条件等。根据《劳动合同法》第十八条的规定，劳动合同对劳动报酬约定不明

确，引发争议的，用人单位与劳动者可以重新协商。协商不成的适用集体合同规定，没有集体合同规定或者集体合同未作规定的，实行同工同酬。

（2）社会保险

在我国劳动者享受社会保险的权利受到法律保护。用人单位参加社会保险并缴纳社会保险费是法律的强制性规定，用人单位不能以劳动合同中没有约定为由拒绝劳动者缴纳社会保险费。为了强化用人单位的社会责任和劳动者的社会保险意识并起到明示作用，《劳动合同法》突出了社会保险条款，规定在劳动合同中应当具备的社会保险的内容。

（3）福利待遇

福利待遇是指用人单位和有关社会服务机构为满足劳动者生活的共同需要和特殊需要，在工资和社会保险之外向职工及其亲属提供一定的货币、实物、服务等形式的帮助。其中包括：为减少劳动者生活费用开支和解决劳动者生活困难而提供的各种补贴；为方便劳动者生活和减轻劳动职工家务负担而提供各种生活设施和服务；为活跃劳动者文化而提供的各种文化设施和服务。

4. 生产条件或工作条件

劳动者各项具体权利的实现，通常依赖于用人单位提供条件保障或者给予必要的配合，并遵守劳动安全卫生章程，履行为劳动者提供劳动保护的义务。用人单位应根据劳动安全卫生规章和有关劳动保护法规，为劳动者提供安全卫生的劳动条件和生产设备，加强安全卫生的管理工作，发放安全卫生防护用品，保证劳动过程中劳动者的安全和健康，并做好职业危害的防护工作，保障女职工和未成年劳动者特殊的劳动保护待遇的实现。

5. 劳动纪律和政治待遇

（1）劳动纪律

劳动纪律是指用人单位依法制定的，全体职工在劳动过程中必须遵守的行为规则。它要求每个职工都必须按照规定的时间、地点、质量、方法和程序等方面的统一规则完成自己的劳动任务、实现全体职工在劳动过程中的行为方式和联系方式的规范化，以维护正常的生产、工作秩序。劳动纪律的内容一般应当包括：①时间纪律，即职工在作息时间、考勤、请假方面的规则。②组织纪律，即职工在服从人事调配、听从指挥、保守秘密、接受监督方面的规则。③岗位纪律，即职工在完成劳动任务、履行岗位职责、遵循操作规程、遵守职业道德方面的规则。④职场纪律，即职工在工作场所遵守公共秩序，协作配合方面的规则。⑤安全卫生纪律，即职工在劳动安全卫生、环境保护方面的规则。⑥品行纪律，即职工在廉洁奉公、爱护财产、厉行节约、关心集体方面的规则。⑦其他纪律。

（2）政治待遇

政治待遇是指职工直接或间接管理所在企业内部事务。主要有以下四种形式：①机构参与，或称组织参与，即职工通过组织一定的代表性专门机构参与企业管理，如我国职工代表大会。②代表参与，即通过合法程序产生的职工代表参与企业管理，如职工代表参加企业有关机构或监督企业日常管理活动等。③岗位参与，即职工通过在劳动岗位上实行自治来参与企业管理，如我国的班组自我管理等。④个人参与，即职工本人以个人行为参与企业管理，如职工个人向企业提出合理化建议，向企业有关管理机构进行查询等。

6. 劳动合同的变更和解除

（1）劳动合同变更

劳动合同变更是指劳动合同在履行过程中，由于法定原因或约定条件发生变化，对已生效的劳动合同条款进行修改或补充。劳动合同双方应对适用劳动合同变更的情形进行约定，以维护自身合法权利。

（2）劳动合同解除

劳动合同解除是指劳动合同订立以后，尚未全部履行以前，由于某种原因劳动合同当事人一方或双方提起消灭劳动关系的法律行为。劳动合同解除有法定解除和约定解除两种情况。

4.3.3 劳动合同的法律效力

1. 劳动合同法律效力的认定

劳动合同的法律效力就是指依法赋予劳动合同双方当事人及相关第三方的法律约束力。《劳动法》的第十七条规定：劳动合同依法订立即具有法律约束力，当事人必须履行劳动合同规定的义务。《劳动合同法》第十六条进一步规定：劳动合同由用人单位与劳动者协商一致，并经用人单位与劳动者在劳动合同文本上签字或盖章生效。

（1）无效劳动合同

《劳动合同法》第二十六条规定：下列劳动合同无效或者部分无效：（一）以欺诈、胁迫的手段或者乘人之危，使对方在违背真实意思的情况下订立或者变更劳动合同的；（二）用人单位免除自己的法定责任、排除劳动者权利的；（三）违反法律、行政法规强制性规定的。对劳动合同的无效或者部分无效有争议的，由劳动争议仲裁机构或者人民法院确认。

（2）无效劳动合同的确认和处理

《劳动法》第十八条第三款，《劳动合同法》第二十六条第二款都明确规定，对劳动合同无效或部分无效有争议的，由劳动争议仲裁机构或人民法院确认。对无效劳动合同的处理，一般包括三种情况；第一，撤销合同。这种方式适用于被确认全部无效的劳动合同。全部无效劳动合同是国家不予承认和保护的合同。它从订立时起就无法律效力应通过撤销合同来终止依据该合同而产生的劳动关系。未履行的，不得履行；正在履行的，停止履行。对于已经履行的部分，应按照事实劳动关系对待。劳动者已支出的劳动，应得到相应的报酬和有关待遇。第二，修改合同。这种方式适用于被确认部分无效的劳动合同及因程序不合法而无效的劳动合同。劳动合同中的某项条款被确认无效，就不能执行，应依法予以修改。修改后的合法条款应溯及合同生效之时。对于程序不合法而无法律效力的劳动合同，应从程序上予以补充修改，以确认该项劳动关系存在的合法性。第三，赔偿损失。《劳动法》第九十七条规定，由于用人单位的原因订立的无效合同，对劳动者造成损害的，应当承担赔偿责任。《劳动合同法》第八十六条规定：劳动合同依照本法第二十六条规定被确认无效，给对方造成损害的，有过错的一方应当承担赔偿责任。

2. 劳动合同纠纷的处理

劳动合同在履行过程中，双方当事人有可能会对履行劳动合同产生争议，我国法律对劳动合同纠纷的处理有一套独特的程序。《劳动法》对劳动争议的处理原则、程序等已有明确的规定。无论双方在劳动合同中是否约定或如何约定，都必须按照法定的处理程序进行。所以，实践中即使有约定，也大多是直接引用法律的相关规定。目前，我国劳动争议处理程序的体制一般是按照"调解、仲裁、诉讼"三个阶段顺次组成的，用人单位与劳动者发生争议后，当事人可以依法申请调解、仲裁、提起诉讼，也可以协商解决。具体来说，劳动争议发生后，当事人可以向本单位劳动争议调解委员会申请调解，调解不成的，当事人一方要求仲裁的，可以向劳动争议仲裁委员会申请仲裁。当事人一方也可不经调解，而直接向劳动争议仲裁委员会申请仲裁。对仲裁裁决不服的，可以向人民法院提起诉讼。解决劳动争议，需要遵循合法、公正、及时处理的原则，依法维护劳动争议当事人的合法权益。

4.4　劳务施工过程管理

◎**工作难点：** 劳务施工过程管理涉及众多利益相关方，其管理内容与法律法规、标准规范、技术要求、权益保障等密切相关，劳务进场管理、劳务作业管理、劳务退场管理是工作难点。

解析

4.4.1 劳务进场管理

劳务进场管理的重点在于包括劳务作业分包企业进场管理和建筑工人进场管理。

1. 劳务作业分包企业进场管理

劳务作业分包企业进场管理应符合国家和地方法律法规要求，未签订劳务作业分包合同严禁进场施工。

建筑企业应验证进场分包企业的营业执照、资质证书、安全生产许可证、中标通知书、分包合同等资料，并对劳务分包企业资质资信等进行动态监管。

2. 建筑工人进场管理

建筑企业应按照实名制管理要求验证进场建筑工人，劳务作业分包企业应提交进场劳务作业工人花名册、身份证、劳动用工合同和岗位技能等级证书等资料原件，复印件留存备案至工程完工后 3 年。

建筑企业应组织分包企业建筑工人入场培训，包括基本安全培训、遵纪守法培训、工作生活环境交底和建筑企业相关管理制度培训等，做好培训记录，未经培训人员不得进场。

4.4.2 劳务作业管理

1. 施工进度管理

（1）劳务作业分包企业应制定进度管理制度，明确岗位职责，加强过程管控，建立进度考核机制。

（2）建筑企业应向劳务作业分包企业进行项目进度计划和进度管理交底。

（3）劳务作业分包企业根据进度计划，做好相应的资源配置（劳动力、辅助材料、小型机械等），编制进度实施计划，并对建筑工人进行劳务作业交底。

（4）劳务作业分包企业进度计划调整须经过总承包单位审核。

2. 施工成本管理

（1）劳务作业分包企业应制定成本管理制度，明确成本负责人和职能部门，配备专职成本管理人员，做好成本策划、过程管控、预结算、分析和考核。

（2）劳务作业分包企业应接受建筑企业的监督，做好分包人工成本控制、材料用量控制、现场经费控制、安全文明施工费用控制等成本要素过程控制。

（3）劳务作业分包企业应按月度完成工程量盘点，按进度核算工程计量。

3. 施工质量管理

（1）劳务作业分包企业应制定质量管理制度，明确质量负责人和职能部门，配备专职质量管理人员。

（2）建筑企业应与劳务作业分包企业在合同中约定其承担工程的质量标准、质量过程管理、竣工后的保修与服务及质量事故调查处理等责任与义务。

（3）建筑企业应指导劳务作业分包企业的技术管理工作，做好技术质量交底，对分包企业编制的施工技术文件进行审核、审批，保证其满足工程项目既定的质量目标的要求。

4. 安全生产管理

（1）劳务作业分包企业应制定安全生产管理制度，配置安全生产管理负责人和安全生产管理部门，按照规定配备具备上岗资格的安全员，明确安全生产目标，落实安全生产责任。

（2）建筑企业与劳务作业分包企业应在分包合同中约定双方的安全生产责任和义务。

（3）劳务作业分包企业应接受建筑企业查验核实"三类人员"证书、特殊工种上岗证等证件原件并留存复印件。

（4）劳务作业分包企业应建立全覆盖、多层次、经常性的安全生产教育培训制度。

（5）劳务作业分包企业应遵守总承包单位安全管理制度的规定，做好施工生产过程中的日常安全管理工作。建筑企业应对分包企业的安全生产、文明施工费用投入情况进行监督，并定期组织安全评价。

5. 职业健康管理

（1）劳务作业分包企业应按规定为建筑工人缴纳各种保险，定期组织建筑工人开展职业病防治知识宣传，对进场工人进行体检。

（2）劳务作业分包企业应进行必要的劳动保护投入，配备合格的安全防护用品。

（3）建筑企业应为建筑工人提供基本的生活条件，确保工人生活区安全、整洁卫生，满足消防、卫生防疫要求。工人生活区应设置宿舍、厕所、食堂及娱乐服务设施。

6. 环境保护管理

（1）劳务作业分包企业应制定环境管理制度，明确项目负责人为环境管理第一责任人，配备专（兼）职环境保护管理人员，确保资源节约和环境保护目标实现。

（2）建筑企业与劳务作业分包企业应在分包合同中将资源节约、环境保护和文明施工目标纳入合同条款并定期考核。

（3）劳务作业分包企业应使用符合节能、减排、环保要求的施工机具、物资材料等生产要素。

（4）劳务作业分包企业应维护工程项目生产区、生活区环境整洁，并配合建筑企业进行项目能源消耗统计。

7. 费用结算管理

（1）劳务作业分包企业应按照分包合同约定编制工程计量、月度报量、过程结算、完工决算等报告，及时报送总承包单位审核。

（2）建筑企业应按照相关法规和合同约定及时审核劳务作业分包企业的劳务分包费用结算报告，编制劳务分包费用结算书，支付劳务分包费用。

4.4.3 劳务退场管理

1. 劳务作业分包企业完工退场前，应完成所承担工程的验收，做好先后工序作业面的移交并办理书面手续。

2. 建筑企业按照合同约定的"工完场清"要求，对劳务作业分包企业的工作内容进行检查和复核。移交建筑工人身份证、劳动合同、技能等级证书等备案材料。及时按约定结清劳务分包费用，监督分包企业结清建筑工人工资。

3. 劳务作业分包企业应退还借领的施工工具和剩余材料，并结算节超情况。做好生活区物品的归还工作，并做好水电费等结算。

4. 劳务作业班组、零散建筑工人中途退场，要及时报建筑企业备案。

5. 劳务作业分包企业退场前必须保证建筑工人工资足额支付。

4.5 劳务纠纷处理

◎**工作难点：** 劳务纠纷是建筑企业劳务管理中经常产生的现象。对劳务纠纷的处理既是保障正常施工生产秩序的需要，也是为了维护建筑工人的正当权益。准确把握劳动纠纷产生的原因、劳务纠纷调解程序、劳务纠纷解决方法、劳务工资纠纷应急预案是处理劳务纠纷的工作难点。

解析

4.5.1 劳务纠纷产生的原因

劳务纠纷也称劳动争议，是指劳动法律关系双方当事人即用人单位和劳动者，在执行劳动法律、法规或履行劳动合同过程中，就劳动权利和劳动义务关系或履行劳动合同、集体合同发生的争议。

建筑业的劳务纠纷主要集中在施工合同及劳动合同的订立和履行过程中。常见的原因有：

1. 因资质问题而产生的纠纷

根据《建筑法》和住房和城乡建设部《建筑业企业资质管理规定》等关于建筑施工企业从业资格的规定，从事建筑活动的建筑施工企业应具备相应的资质，在其资质等级许可的范围内从事建筑活动。禁止施工企业向无资质或不具备相应资质的企业分包工程，如果建筑施工企业超越本企业的资质等级许可的业务范围承揽工程，则容易引起纠纷。

2. 因履约范围不清而产生的纠纷

在施工实践中，总包单位与分包商之间因履约范围不清而发生纠纷的现象屡见不鲜。例如：一个分包合同中约定，由总包单位提供垂直运输设备，但在具体施工时，总包单位只提供汽车式起重机而不提供塔式起重机。尤其是在基坑开挖过程中，垂直运输设备对工期的影响巨大，假如不使用塔式起重机，分包商很有可能无法完成工期目标，但汽车式起重机也属于垂直运输设备，因此，很难认定总包单位违约。造成履约范围不清的主要原因是分包合同条款内容不规范、不具体、不明确。分包合同订立的质量完全取决于承包人和分包商的合同水平和法律意识。若承包人、分包商的合同水平和法律意识都比较低或差异大，则订出的合同容易内容不全，权利义务不对等。这些都为以后施工过程中产生纠纷埋下隐患。因此，在订立分包合同时，应严格按照分包合同示范文本的条款进行订立。

3. 因转包而产生的纠纷

转包是指承包单位在承接建设工程后，不履行合同约定的责任和义务，将其承包的全部建设工程转给他人或将其承包的全部建设工程肢解后以分包的名义分别转给其他单位承包的行为。建设工程转包被法律所禁止，《民法典》第七百九十一条，《建筑法》第二十八条，《建设工程质量管理条例》第二十五条都规定禁止转包工程。"分包"与"转包"是建设工程施工过程中普遍存在的现象，承包人将建设工程非法转包、违法分包，使得劳动关系趋于复杂化，由此引发拖欠劳动者工资的问题，进而产生劳务纠纷。

4. 因拖欠农民工工资引发的纠纷

在建筑行业，农民工是一个特殊的群体，他们既不是真正的农民，也不是真正的工人，而是一个典型的由经济和社会双重因素造就的特殊弱势群体。近些年来，侵害农民工权利的现象频繁出现。在农民工权利受损问题中，"拖欠工资"问题是最引人注目最普遍的，也是引发劳务纠纷的重要原因之一。

5. 因合同当事人主观原因造成的合同订立时就存在的潜在纠纷

（1）选择订立合同的形式不当。建设工程施工合同有固定价格合同、可调价格合同和成本加酬金价格合同。在订立施工合同时，就要根据工程大小、工期长短、造价高低、涉及其他因素多寡选择合同形式。选择不适当的合同形式，会导致合同争议的产生。

（2）合同主体不合法或与不具备相应资质的企业签订劳务分包合同或工程分包合同。①《民法典》规定：合同当事人可以是公民（自然人），也可以是其他组织。也就是说作为建设工程承包合同当事人的发包方和承包人，都应当具有相应的民事权利能力和民事行为能力，这是订立合同最基本的主体资格。②总承包企业或专业施工企业与不具备相应资质的企业签订的劳务分包合同。这样的合同，根据《最高人民法院关于审理建设工程施工合同纠纷案件适用法律问题的解释》（法释〔2004〕14号）第1条和《民法典》等规定被认定为无效合同。合同无效后的处理：假如劳务分包企业提供劳务的工程合格，劳务分包企业依据《最高人民法院关于审理建设工程施工合同纠纷案件适用法律问题的解释》（法释〔2004〕14号）第2条的规定请求劳务费的，应当得到法律支持；假如仅仅因劳务分包企业提供的劳务质量不合格引起的工程不合格，劳务分包企业请求劳务分包合同约定的劳务价款的，将得不到法律支持，并且还应承担相应的损失。③总承包企业或专业承包企业与劳务分包企业以劳务分包合同名义签订的实质上的工程分包合同。这种合同将依据合同的实际内容及建设施工中的客观事实，及双方结算的具体情况，来认定双方合同关系的本质。其中有的可能会被认定为工程分包合同，那么就要按照工程分包合同的权利义务，来重新确认双方的权利义务。④工程分包企业以劳务分包合同的名义与劳务分包企业签订的实质上的工程再分包合同。这种合同将被认定为无效。工程分包企业因此种行为取得的利润将被法院依据《最高人民法院关于审理建设工程施工合同纠纷案件适用法律问题的解释》（法释〔2004〕14号）第4条的规定收缴，或者由建筑行政管理机关做出同样的收缴处罚。

（3）合同条款不全，约定不明确。在合同履行过程中，由于合同条款不全，约定不明确，引起纠纷是相当普遍的现象。一些缺乏合同意识和不会用法律保护自己权益的发包人或承包人，在谈判或签订合同时，认为合同条款太多、繁琐，从而造成合同缺款少项；一些合同虽然条款比较齐全，但内容只作为原则约定，不具体、不明确，从而导致了合同履行过程中产生争议。

（4）草率签订合同。建设工程承包合同一经签订，其当事人之间就产生了权利和义务关系。这种关系是法律关系，其权利受法律保护，义务受法律约束。但是一些合同当事人，法治观念淡薄，签订合同不认真，履行合同不严肃，导致合同纠纷不断发生。

（5）违约责任不明确或缺乏系统化。有些建设工程施工合同签订时，只强调合同的违约条件，但是没有要求对方承担违约责任，对违约责任也没有做出具体约定，导致双方在合同履行过程中发生争议。

6. 合同履约过程中的承包人同发包人之间的经济利益纠纷

（1）承包人提出索赔要求，发包人不予承认，或者发包人同意支付的额外付款额与承包人索赔的金额差距极大，双方不能达成一致意见。其中，可能包括：发包人认为承包人提出索赔的证据不足；承包人对于索赔的计算，发包人不予接受；某些索赔要求是由于承包人自己的过失造成的；发包人引用免责条款以解除自己的赔偿责任；发包人致使承包人得不到任何补偿。

（2）承包人提出的工期索赔，发包人不予承认。承包人认为工期拖延是由于发包人拖延交付施工场地、延期交付设计图纸、拖延审批材料和样品、拖延现场的工序检验以及拖延工程付款造成的；而发包人则认为工期拖延是由于承包人开工延误、劳力不足、材料短缺造成的。

（3）发包人提出对承包人进行违约罚款，除了扣除拖延工期的违约金外，要求对由于工期延误造成发包人的利益损害进行赔偿；承包人则提出反索赔，由此产生严重分歧。

（4）发包人对承包人的严重施工缺陷或提供的设备性能不合格而要求赔偿、降价或更换；承包人则认为缺陷已改正、不属于承包方的责任或性能试验方法错误等，不能达成一致意见。

（5）关于终止合同的争议。由终止合同造成的争议最多，因为无论任何一方终止合同都会给对方造成严重损害。

（6）承包人与分包商的争议。其内容大致和发包人与承包人的争议内容相似。

（7）承包人与材料设备供应商的争议。多数是货品质量、数量、交货期和付款方面的争议。

4.5.2 劳务纠纷调解程序

劳务纠纷调解是指在第三方的主持下，以事实为根据，以法律为准绳，劝说争议双方当事人进行协商，在互谅互让的基础上达成协议，保护当事人合法权益，防止矛盾激化，从而解决争议的一种方法。劳务纠纷调解的一般程序如下：

1. 申请和受理

劳务纠纷发生后，双方当事人都可以自知道或应当知道其权利被侵害之日起的 30 日内，以口头或者书面的形式向调解委员会提出申请，并填写《调解申请书》。如果是劳动者在 3 人以上并具有共同申请理由的劳务纠纷案件，劳动者当事人一方应当推举代表参加调解活动。调解委员会对此进行审查并做出是否受理的决定。

2. 调解

调解委员会主任或者调解员主持调解会议，在查明事实、分清是非的基础上，依照法律、法规及依法制定的企业规章制度和合同公证调解。在调查和调解时，应进行相应的笔录。

3. 制作调解协议书或调解意见书

调解达成协议，制作调解协议书，写明争议双方当事人的姓名、职务、争议事项、调解结果及其他应说明的事项。调解意见书是调解委员会单方的意思表示，仅是一种简易型的文书，对争议双方没有约束力。若遇到双方达不成协议、调解期限届满而不能结案或调解协议送达后当事人反悔三种情况，则需制作调解意见书。调解委员会调解争议的期限为 30 日，即调解委员会应当自当事人申请调解之日起的 30 日内结束调解，双方协商未果或者达成协议后不履行协议的，双方当事人在法定期限内，可以向仲裁委员会申请仲裁。

4.5.3 劳务纠纷解决方法

1. 解决劳务纠纷的合同内方法

（1）承担继续履约责任。承担继续履约责任也称强制继续履行、依约履行、实际履行，是指在一方违反合同时另一方有权要求其依据合同约定继续履行。

（2）按合同赔偿损失。按合同赔偿损失也称为违约赔偿损失，是指违约方因不履行或不完全履行合同义务而给对方造成损失，依照法律的规定或者按照当事人的合同约定应当承担赔偿损失的责任。

（3）支付违约金。支付违约金是指由当事人通过协商预先确定的、在违约发生后做出的独立于履行行为以外的给付，违约金是当事人事先协商好的，其数额是预先确定的。违约金的约定虽然属于当事人所享有的合同自由的范围，但这种自由不是绝对的，而是受限制的。《民法典》第五百八十五条规定："约定的违约金低于造成的损失的，人民法院或者仲裁机构可以根据当事人的请求予以增加；约定的违约金过分高于造成的损失的，人民法院或者仲裁机构可以根据当事人的请求予以适当减少"。

（4）执行定金罚则。《民法典》第五百八十七条规定："债务人履行债务的，定金应当抵作价款或者收回。如果给付定金的一方不履行债务或者履行债务不符合约定，致使不能实现合同目的的，无权请求返还定金；如果收受定金的一方不履行债务或者履行债务不符合约定，致使不能实现合同目的的，应当双倍返还定金。"因此，定金具有惩罚性，是对违约行为的惩罚。《民法典》规定，定金的数额不得超过主合同标的额的 20%，这一比例为强制性规定，当事人不得违反；如果当事人约定的定金比例超过了 20%，并非整个定金条款无效，而只是超出部分无效。

（5）采取其他补救措施。

2. 解决劳务纠纷的合同外方法

发生劳务纠纷，当事人不愿协商、协商不成或者达成和解协议后不履行的，可以向调解组织申请调解；不愿调解、调解不成或者达成调解协议后不履行的，可以向相关主管仲裁委员会申请仲裁；对仲裁裁决不服的，除另有规定外，可以向人民法院提起诉讼。

为了尽可能减少建设工程承包合同争议，最重要的基础是合同双方要签好合同。在签订合同之前，承包人和发包人应当认真地进行磋商，切不可急于签约而草率从事。其次，在履约过程中双方应当及时交换意见，尽可能将合同执行中的问题加以管控和恰当处理，不要将问题积累和扩大，尽量将合同争议解决在合同履约过程中。

4.5.4　劳务工资纠纷应急预案

1. 劳务工资纠纷应急预案的内容

劳务工资纠纷应急预案的编制应包含以下内容：

（1）应急预案的目的、编写依据和适用范围

1）应急预案的目的。应急预案的目的，是为了最大限度降低劳务纠纷突发事件造成的经济损失和社会影响，积极稳妥地处理因劳务纠纷等问题引发的各种群体性事件，有效地控制事态，将不良影响限制在最小范围，保证建安施工企业的正常生产和管理秩序。

2）应急预案的编写依据。应急预案的编写，要遵循确保社会稳定，建立和谐社会，预防为主，标本兼治的原则，按照住房和城乡建设部的相关要求编制。

3）应急预案的适用范围。①发生劳务纠纷突发事件，造成一定的经济损失和社会影响的；②因劳务纠纷引发的各种群体性事件，造成一定的经济损失和社会影响的。

（2）应急机构体系及职责

1）应急机构体系

① 成立各级应急指挥领导小组，领导小组下设应急指挥领导小组办公室，各级领导小组包括集团公司、二级（子）公司和项目部。

② 成立行政保障和法律援助工作组、保稳定宣传工作组，确保应急预案的正常启动。

③ 应急情况紧急联系电话应包括：领导小组办公室电话及联系人电话；火警

电话：119；急救电话：120，999；当地派出所电话；当地建筑业主管部门电话。

2）工作职责

① 各级领导小组工作职责。A．总承包单位领导小组职责：领导小组办公室负责分包劳务费拖欠情况及劳务费结算、支付、农民工工资发放情况的摸底排查、纠纷协调、督办，紧急情况处理等指导工作，并与施工单位形成稳定管理体系，与分包队伍上级单位或相关省、市驻京办事处保持联络。处理解决群体性突发事件。公司法定代表人是群体性突发事件第一责任人，负责组织协调各方面工作，及时化解矛盾，防止发生群体性事件。领导本单位工作组处理群体性突发事件，确保应急资金的落实到位。B．总承包单位子公司领导小组职责：了解各项目部劳务作业人员动态，掌握劳务分包合同履约及劳务费支付情况，督促、检查、排查、通报劳务费结算、兑付情况，加强实名制备案的监督管理工作，及时发现有矛盾激化趋势的事件，负责协助项目部协调纠纷、处理紧急情况；与分包队伍上级单位保持联络，出现应急前兆时应派人到现场与项目部配合随时控制事态发展，保持与领导小组的联系，促使问题及时解决。进入应急状态紧急阶段时，及时向上级报告，并保证有专人在现场，尽可能控制事态，必要时与分包队伍的上级单位、相关省市驻本地建设管理部门联系取得支持，并上报集团公司领导小组。子、分公司领导小组应做好日常与劳务企业（队伍）人员维护稳定的宣传、教育、沟通、合作交流等工作，与本地区建设行政管理部门、人力资源和社会保障局、公安局、内保局、街道办事处、各省市驻本地区建设管理部门、集团公司等劳务企业保持日常联络，以备应急状态时及时发现、处理问题和便于求助。C．项目经理部职责：各项目部劳务管理人员应掌握分包合同履约情况、工程量、劳务工作量和劳务费结算、支付、农民工工资发放的具体情况，还应按照"实名制"管理工作要求，将本项目部所有劳务作业队伍的人员花名册、合同备案资料、上岗证、考勤表、工资发放表按规定要求认真收集，归档备案。要认真观察本项目作业人员的思想动态和异常动态，认真做好思想政治工作，对有矛盾激化趋势的事件，应按组织体系及时汇报，及时化解矛盾，防止矛盾升级，不得忽视、隐瞒有矛盾激化趋势的事件发生。出现应急前兆时，原则上由发生群体性事件的项目部组织本项目部人员出面调解处理，并保持与本单位应急小组的联系，随时汇报事态进展。进入应急状态紧急阶段时，项目经理必须到现场，组织本项目部应急小组与劳务企业（作业队伍、作业班组）进行沟通，负责通过各种方式解决纠纷，确保稳定。

② 行政保障和法律援助工作组职责。保证应急领导小组成员通信畅通，准备应急车辆，配合项目部工作，提供法律方面的支持。出现应急前兆时应随时关注并与项目部保持联系，进入应急状态或紧急阶段时，应保证备勤车辆、急救器材

和药品，上级或地方政府领导到场时，负责相应的接待工作，并为项目部解决纠纷提供法律方面的支持。

③ 保稳定宣传工作组职责。调查劳务企业人员的思想动态，负责协助及时调解矛盾，做好联系媒体宣传工作。出现应急前兆时做好相关人员的思想工作，维护稳定，负责接待新闻媒体和协调处理与新闻媒体的关系，负责对新闻媒体发布消息。

（3）应急措施

1）在施工单位机关或总承包单位机关办公楼出现紧急情况阶段时，由应急指挥领导小组成员及工作组各司其职，维护现场秩序，进行劝阻和力争谈判解决矛盾。

2）机关各部门人员在出现紧急情况阶段时，部门内应当至少留一名员工负责保护部门内部的财物、资料。

3）局势得到控制后，由群体性突发事件工作组和项目部有关人员出面与劳务企业对话，要求对方派代表与总包单位就具体问题进行谈判，除代表外的其他人员应遣散或集中到会议室。

4）如果对方不能够按总包单位要求进行谈判，并且继续冲击总包单位机关、扰乱总包单位办公秩序，由现场总指挥决定报警，由行保、安全监管部门内勤进行报警。

（4）责任处理

1）突发事件的处理。①突发劳务纠纷事件，要立即上报加强农民工及劳务管理工作领导小组，相关人员按预案要求在第一时间赶到事件发生现场，当即启动应急程序、开展工作。②发生纠纷事件的项目经理要协助公司处理突发纠纷事件，相关部门应积极配合。③对突发劳务纠纷事件，要严格控制事态，坚持就地解决的原则。④事件得到控制、平息后，要立即组织恢复生产秩序，采取一切措施消除负面影响。

2）责任处理。①对违反各项规章制度，侵犯工人权益的劳务队伍视情节给予警告直至清理出场。②按相关责任要求，对发生纠纷事件的总承包企业、总承包二级公司和项目相关责任人，追究责任。③对纠纷事件不上报或瞒报、报告不及时的单位，视情节处以一定数额的罚款、通报批评并追究行政责任。④对措施不得力，贻误时机，造成重大损失或影响的单位和项目经理，除通报批评、处以罚款外，要追究行政责任。

2. 劳务工资纠纷应急预案的组织实施

（1）突发事件应急状态描述

突发事件应急状态，分为如下四个阶段：

1）前兆阶段。劳务企业（作业队伍、作业班组）向项目部或有关部室索要劳务费、材料费、租赁费、机具费等，出现矛盾并煽动员工以非正常手段解决时；劳务作业人员出现明显不满情绪时；按施工进度劳务作业队伍应撤场，但占据施工场地或生活区拒不撤场时；劳务作业人员聚集到建设单位、总承包单位办公地点或围堵建设单位、总承包单位管理人员时；劳务作业人员聚集到项目部干扰妨碍正常办公时。

2）紧急阶段。劳务作业人员聚集到建设单位、总承包单位办公机关，干扰妨碍正常办公时；劳务作业人员聚集到建设单位、总承包单位以外政府部门群访、群诉时；劳务作业人员采取影响社会治安等非正常手段制造影响时。

3）谈判阶段：聚众妨碍正常办公的劳务作业人员情绪得到控制，所属施工单位负责人能与劳务企业负责人或代表正式对话时。

4）解决阶段：与劳务企业负责人或代表达成一致意见且聚集的劳务作业人员已经疏散或退出占据的施工现场时；正常生产、办公秩序得到恢复时。

（2）应急状态的报告程序

当发现出现应急状态的前兆阶段和紧急阶段所描述的情况时，相关工作人员必须向有关部门报告，报告顺序如下：

1）应急状态前兆阶段。报告现场劳务人员集聚状态，带头人、诉求及主要原因。

2）直接进入紧急阶段。接到报告的项目经理或各级群体性劳务费纠纷突发事件应急工作组应及时核实情况，并迅速向上一级报告，同时，尽可能控制事态发展。出现联络障碍不能按上述顺序报告时，可越级上报，直至报告给应急指挥领导小组。

（3）预案的启动和解除权限

各级突发事件应急领导小组组长接到报告后，应迅速组织应急领导小组成员核实情况，情况属实需要启动本预案时，应由组长宣布进入应急状态，并启动本预案。应急领导小组成员接到通知后组织工作组人员，履行应急职责，并由领导小组组长决定是否向上级主管部门汇报。事态进入解决阶段后，应急小组组长视实际情况决定是否解除本预案。

（4）应急资金准备

各施工单位应筹措一定比例资金，作为专项用于协调解决重大群体性事件的应急资金。

4.6　劳务资格审核管理

◎**工作难点：** 劳务资格审核管理包括劳务队伍资格验证、劳务人员身份及职业资格的核验。由于劳务施工企业资质从审核制改为备案制，各省份在备案管理的要求上略有差别。

解析

4.6.1　劳务队伍资质验证

在审验劳务队伍资质时，劳务员应重点关注三项要求：

1. 资格要求

（1）施工作业队所在的劳务企业应符合工程施工资质要求。

（2）劳务分包企业的施工作业队属于当地建设主管部门、行业管理协会和企业考核评价合格的队伍。

（3）施工作业队已经完成对进场施工作业人员在当地主管部门备案。

2. 业绩要求

（1）能够信守合同，保证工期、施工质量、安全生产，能服从项目经理部日常管理，与项目经理部配合融洽。

（2）能够积极配合政府主管部门和项目经理部妥善处理突发事件，保证企业施工生产秩序和维护社会稳定。

3. 政策管理要求

劳务队伍的管理行为符合国家及地方政府法律法规与政策的要求。

4.6.2　劳务人员身份及职业资格的核验

1. 人员核验的通用要求

（1）劳务作业工人必须与劳务企业签订书面劳动合同或用工书面协议，并在建设主管部门完成人员备案。劳务作业人员进场前必须按要求与劳务企业签订劳动合同或用工书面协议，且一式三份分别由劳务作业人员、劳务企业和总包企业留存归档。

（2）劳务作业工人应当按政府规定进行安全培训和普法维权培训，考核合格后方可入场施工作业。

（3）劳务作业工人应当100%具备相应工种岗位资格证书。

2. 劳务施工人员持证上岗规范标准

（1）劳务分包企业施工队伍必须配备相应的管理人员，不得低于注册人数的8%，全部管理人员应100%持有国家相关部门颁发的管理岗位证书。

（2）管理人员配备应符合以下标准：1）每50人必须配备一名专职安全员（50人以下的按50人计算）。2）每个注册劳务分包企业的法人代表、项目负责人、专职安全员必须具有安全资格证书。3）队伍人数在百人以上劳务分包企业，必须配备一名专职劳务员，不足百人的可配备兼职劳务员。

（3）一般技术工人、特种作业人员、劳务普工注册人员必须100%持有相应工种的岗位证书。

（4）对于劳务分包工程队伍人数超过50人的，其中级工比例不得低于40%、高级工比例不得低于5%。

（5）在施工现场，不得使用未成年工、童工，所有从事施工作业人员年龄不得在55周岁以上，其中登高架设作业人员（架子工）年龄应控制在45周岁以下。

（6）未达到上述标准的劳务分包施工企业应在15个工作日内提交相关资料进行复审，复审不合格的，须由劳务主管部门进行补充培训或鉴定。由于建筑业施工现场用工年龄老化现象日趋严重，部分地方政府规定施工现场可实行柔性用工管理，分不同岗位确定用工年龄。对于超龄工人，在身体健康前提下，可以合理安排内勤、简单操作或简单管理等类型工作岗位，但不宜从事高危险性、高风险岗位。

3. 证书审验标准和工作流程

（1）证书审验标准

1）专业与劳务分包企业出具的证书版本和格式必须符合国家统一证书核发标准，否则视为假证。

2）证书内文字必须按规定的要求书写，其书写部分不得有涂改、照片处必须加盖钢印，其钢印必须压照片，否则该证书不予承认。

3）特种作业、特种设备、建筑行业起重设备操作人员证书必须在规定的有效时间内，凡过期或未按规定时间进行复检的均为失效证书不予承认。

（2）审验操作流程

1）专业与劳务分包施工企业办理人员实名制备案前，首先持《合同用工备案花名册》和岗位证书，提交公司（项目）劳务管理部门进行备案人员的证书审验工作。

2）证书审验时专业与劳务分包施工企业负责人或代理负责人必须在场。

3）证书审验合格单位，由公司（项目）劳务管理部门开具"劳务分包企业证书审核注册登记备案证明"；专业与劳务分包企业凭"劳务分包企业证书审核注册登记备案证明"及名册，到公司劳务主管部门办理备案手续。

4）证书审验中，若专业与劳务分包施工企业职工名册内有无证人员，应在 15 个工作日内提交相关资料进行复审。复审不合格的，无证人员必须在总包企业的职业技能培训机构办理无证人员培训注册，待培训或鉴定合格后方可办理证书审验。

（3）各类人员证书规定

1）劳务分包企业管理人员须持住房和城乡建设部核发的《管理人员岗位证书》。

2）技术工人须持人力资源和社会保障部核发的《职业资格证书》或住房和城乡建设部核发的《职业技能岗位证书》。

3）特种设备作业人员或特种作业人员须持国家相关管理部门核发的特种设备作业人员或特种作业人员操作证书。

4）特种设备的电梯安装人员须持质量技术监督管理局核发的《特种设备作业人员证》。

5）建筑行业起重设备操作人员须持建设部门核发的《建筑施工特种作业人员操作资格证》。

6）劳务普工须持住房和城乡建设部核发的《职业技能岗位证书》。

（4）审验注意事项

1）对未办理证书审验的专业与劳务分包作业队伍一律不予办理备案手续。

2）应将证书审验工作作为劳务管理考核评价工作指标。

3）劳务管理部门应积极配合、督促入场作业队伍及时办理证书审验，对入场人员所持证书不符合规定的，应尽快实施补充培训和参加补充鉴定，确保入场作业队伍尽快完成备案手续。

4.7 建筑工人工资支付管理

◎**工作难点：** 工资支付管理关系建筑业劳务作业人员的切身利益，拖欠工资现象已演变为长期存在的顽症，工资支付是保障建筑工人基本权益的重中之重。落实建筑工人工资管理相关方责任和建筑工人工资台账管理是工作中的难点。

解析

4.7.1 建筑工人工资管理责任

1. 建设单位关于劳务人员工资支付的责任

建设单位与施工总承包单位依法订立书面工程施工合同，应当约定工程款计量周期、工程款进度结算办法以及人工费用拨付周期，并按照保障农民工工资按时足额支付的要求约定人工费用。人工费用拨付周期不得超过 1 个月。建设单位应当按照合同约定及时拨付工程款，并将人工费用及时足额拨付至农民工工资专用账户，加强对施工总承包单位按时足额支付农民工工资的监督。因建设单位未按照合同约定及时拨付工程款而导致农民工工资拖欠的，建设单位应当以未结清的工程款为限先行垫付被拖欠的农民工工资。建设单位应当以项目为单位建立保障农民工工资支付协调机制和工资拖欠预防机制，督促施工总承包单位加强劳动用工管理，妥善处理与农民工工资支付相关的矛盾纠纷。发生农民工集体讨薪事件的，建设单位应当会同施工总承包单位及时处理，并向项目所在地人力资源和社会保障行政部门和相关行业工程建设主管部门报告有关情况。

2. 施工总承包单位关于劳务人员工资支付的责任

施工总承包单位与分包单位依法订立书面分包合同，应当约定工程款计量周期、工程款进度结算办法。施工总承包单位应当按照有关规定开设农民工工资专用账户，专项用于支付该工程建设项目农民工工资。开设、使用农民工工资专用账户有关资料应当由施工总承包单位妥善保存备查。施工总承包单位应当按照有关规定存储工资保证金，专项用于支付为所承包工程提供劳动的农民工被拖欠的工资。工资保证金实行差异化存储办法，对一定时期内未发生工资拖欠的单位实行减免措施，对发生工资拖欠的单位适当提高存储比例。工资保证金可以用金融机构保函替代。工资保证金的存储比例、存储形式、减免措施等具体办法，由国务院人力资源和社会保障行政部门会同有关部门制定。

3. 劳务分包单位关于劳务人员工资支付的责任

劳务分包单位对所招用农民工的实名制管理和工资支付负直接责任。施工总承包单位对分包单位劳动用工和工资发放等情况进行监督。分包单位拖欠农民工工资的，由施工总承包单位先行清偿，再依法进行追偿。工程建设项目转包，拖欠农民工工资的，由施工总承包单位先行清偿，再依法进行追偿。

4. 劳务员核实劳务人员工资发放情况的注意事项

按国务院《保障农民工工资支付条例》和地方政策要求，总承包企业应当做到对劳务企业劳务费月结季清或按分包合同约定执行；同时应监督施工队对农民工工资月清月结或按劳动合同约定执行，确保农民工工资按时足额发放给本人。劳务企业必须每月支付一次劳务企业农民工的基本工资，企业工资月支付数额不得低于当地最低工资标准，余下未支付部分企业在工程完工后或季度末、年末必须保证足额支付。建设单位或施工总承包企业未按合同约定与劳务分包企业结清工程款，致使劳务分包企业拖欠农民工工资的，由建设单位或工程总承包企业先行垫付农民工工资，先行垫付的工资数额以未结清的工程款为限。劳务员核实劳务人员工资发放情况，应注意以下几个方面：

（1）核实是否设立农民工工资专用账户。劳务分包企业选定并预约银行网点，完成初始审核后，持营业执照副本及复印件一份（复印件需加盖单位公章）、《代发农民工工资协议书》一式三份，前往选定银行网点办理开户手续，开户手续完成后，银行网点将出具《农民工工资专用账户开立证明书》。如有的劳务分包企业已在银行开立了工资代发账户，可与农民工工资专用账户合并。

（2）核实农民工工资专用账户是否备案。劳务分包企业持《农民工工资专用账户开立证明书》到当地住建部门建筑业管理服务中心领取《建筑业企业档案管理手册》后，按照就近、方便的原则，选择一个区（县）劳动保障行政部门，将银行出具的农民工工资专用账户开立证明书进行备案；劳务分包企业在与劳务发包企业签订劳务分包合同时，必须出具《建筑业企业档案管理手册》，并将农民工工资专用账户的开户银行、账号和企业代码写入劳务分包合同中。

（3）核实是否编制农民工工资表并进行公示和确认。在每月25日前，由劳务分包企业根据所记录的农民工务工情况编制出工资表（纸质版发薪数据文件）报劳务发包企业项目部审核，项目部依据ＩＣ系统记录的农民工出勤情况、留存的劳动合同书和所属劳务员跟踪记录的农民工务工情况进行核对，经核实无误后，将工资表（纸质版发薪数据文件）在施工现场和农民工生活区公示3天。公示后对确认的工资表（纸质版发薪数据文件）分别由劳务分包企业、劳务发包企业盖章确认。

（4）核实务工人员工资是否实际支付。1）每月2日前，劳务分包企业持加盖本企业公章的代发工资申请单（一式四份）和工资表（发薪数据文件，含电子版和纸质版）递交给开立农民工专用账户所在的银行。银行网点进行审核确认后，将加盖日戳的第四联代发工资申请单退回劳务分包企业。2）每月3日前，劳务发包企业依据确认的工资表（纸质版发薪数据文件）汇总数额，将月度支付的劳务费中用于农民工工资支付的部分直接打入劳务分包企业的农民工工资专用账户中，剩余劳务费可直接支付给劳务分包企业。劳务分包企业应对这两笔收入分别开具发票。3）银行在对提供的资料和汇入金额核对无误后，每月5日将款项打入劳务分包企业所属农民工实名制卡中。4）银行将农民工工资发放清单分别反馈给劳务分包企业、劳务发包企业，劳务分包企业依据银行反馈的发放清单开具农民工工资部分的劳务费发票。

（5）劳务企业以现金形式支付劳动者工资的，应核实工资是否由施工队长或班组长代发，农民工工资必须本人领取并签字，不得由他人代发代领。

4.7.2　建筑工人工资台账管理

劳务费结算台账和支付凭证是反映总包方是否按规定及时结算和支付分包方劳务费的依据，也是检查分包企业劳务作业人员能否按时发放工资的依据；劳务作业人员工资表和考勤表是劳务分包企业进场作业人员实际发生作业行为工资分配的证明，也是总包单位协助劳务分包企业处理劳务纠纷的依据。因此，劳务费结算台账和支付凭证以及劳务作业人员工资表和考勤表应该作为劳务管理重要资料存档备查。建筑施工企业应当对劳动者出勤情况进行记录，作为发放工资的依据，并按照工资支付周期编制工资支付表，不得伪造、变造、隐匿、销毁出勤记录和工资支付表。建筑工人考勤表、工资表与工资台账的管理要求如下：

（1）劳务管理人员负责建立每日人员流动台账，掌握务工人员的流动情况，为项目部提供真实的基础资料。

项目部劳务管理人员必须要求施工队伍负责人每日上报现场实际人员人数，施工队伍负责人必须对上报人数确认签字，劳务管理人员通过对比记录人员流动情况。每周要求施工队伍负责人上报施工现场人员考勤，由项目部劳务管理人员与现场花名册进行核对，确定人员增减情况，对于未在花名册中人员，要求施工队伍负责人按规定办理相关手续。

（2）项目部每次结算劳务费时，劳务管理人员必须要求施工队伍负责人提供务工人员工资表，并留存备案。

工资表中人员必须与考勤相一致，且必须有务工人员本人签字、施工队伍负责人签字和其所在企业盖章，方可办理劳务费结算。项目部根据施工队伍负责人所提供的工资表，按时向务工人员支付工资。

（3）劳务分包企业每次发放劳务人员工资后，应将工资发放情况记入劳务人员工资台账相关的台账、表格等。

劳务人员工资发放要做到月计月结，账目清楚，以便日后查用。

4.8　国际工程劳务管理

◎**工作难点：**劳务是国际工程实施的核心资源，也是影响工程项目管理成败的重要因素。国际工程劳务管理的工作难点主要体现在把握工程所在国对劳务管理的影响因素，科学选择劳务管理模式，根据不同类型的劳务确定管理策略，制定针对性的劳务管理措施，加强国际工程劳务派遣管理。

解析

4.8.1 国际工程劳务管理的影响因素

从 20 世纪 50 年代的援外项目到党的十八大之后的"一带一路"建设，中国国际工程劳务为建筑业走出去做出了突出贡献，目前，国际工程劳务依然发挥着重要作用。国际工程建设活动具有参与方众多的特点，工程环境较为复杂，影响因素多。国际工程劳务管理的影响因素主要有：

1. 政治因素的影响

从中国传统的海外建筑市场分布来看，许多国家政局不稳，不同政治纲领的执政者对国际工程劳务管理影响大。

2. 工程所在国文化的影响

中国建筑劳务主要分布在中东、东南亚、非洲等地区，这些地区大多经济欠发达，民主与法治不健全，政策随意性大，宗教影响深远，特别是宗教已经融入所在国民众的日常生活，容易发生冲突，成为工程建设的重要风险，影响工程进度、成本等目标。

3. 劳务队伍自身局限性的影响

劳务队伍遇到问题时易盲从、好抱团，容易走极端，甚至出现游行、罢工、封路、上访大使馆等恶性事件，缺少理性和客观的辩证分析。

4.8.2 国际工程劳务管理模式

1. 成建制劳务分包模式

在这种模式下，劳务分包单位有相对完善的管理机构，只提供劳务作业工人，总承包单位提供所有的材料，总承包单位与分包单位采用单价结算的方式。这种方式可以避免分包单位承担过大的风险，劳务分包单位在工人管理上具有优势。

成建制劳务分包方式对总承包商的管理能力要求较高，对现场工作安排的责任主要在总承包商，若出现窝工等现象，需要给予分包商补偿。

2. 自营劳务管理模式

由总承包商进行劳务的自营管理。例如，由总承包商自己派出施工队长，对现场工人进行组织和管理，总承包商直接对工人班组的施工成果以计日或计件方式进行计量、考核、发放工资。

4.8.3 劳务类型、特点及应对策略

1. 中国本土派出的劳务特点及应对策略

（1）中国本土派出的劳务特点

一是技术熟练，二是吃苦耐劳，三是服从管理，四是经验丰富。

（2）中国本土派出的劳务的管理难点

1）招募混乱，信息不对称，把关不严。

2）层层转包，违法分包，克扣或拖欠工资。

3）管理不善，管理链条长，难以体现管理意图。

4）合规风险，未按规定发放工资，酿成群体事件。

5）情绪风险，远离家庭，生活枯燥，工作艰苦，语言不通，水土不服，饮食不惯。

一旦出现上述情况，造成劳务纠纷，甚至去大使馆静坐，游行示威，肢体冲突，对工程项目实施造成影响，还会产生不良的国际影响。

（3）中国本土派出的劳务管理应对策略

1）坚持以人为本，人性化管理。

2）设定专人管理，强调合法合规。

3）避免转包。

4）关注新一代劳务工人特点。

2. 中国企业从所在国招聘的劳务特点及应对策略

（1）工程所在国劳务的优点

一是配置灵活，二是成本优势，三是符合政策导向，四是工资低廉。

（2）工程所在国劳务管理的难点

1）语言障碍，难沟通。

2）劳动技能需要培养。

3）文化和宗教信仰有差异。

4）安全生产意识差。

5）劳动纪律差。

6）培养周期长。

7）工人流动性大。

（3）工程所在国劳务管理应对策略

1）坚持长期、属地化发展战略。劳务属地化管理可以合理规避经营管理风险，降低成本，提高核心竞争力，较好履行社会责任。

2）研究针对性的属地化劳务教育管理办法。

3）强调依法合规使用工程所在国劳务，体现社会责任。

4.8.4　国际工程劳务管理的措施

（1）学习当地语言，了解当地文化，与劳工组织建立联系，促进沟通交流。

（2）建立完善的劳务管理制度，建立激励机制，提高福利待遇。

（3）研究当地法律法规，民族宗教信仰，遵守所在国的劳动法律，避免产生纠纷。严格合同条件，转移合同、保险和劳资风险，争取处于主动地位。

（4）强化人本理念，尊重劳务人员，关爱员工，丰富生活，提高饮食住宿满意度，增强员工归属感。

（5）运用信息化网络化手段，进行施工现场岗前培训，提高教育培训效果。

（6）重视生态环保，依法诚信经营，参加社会公益，融入当地共同发展环境。

（7）强调全球化视野，尝试建立海外属地化劳务基地。

（8）对标世界一流建筑企业，学习先进管理经验。

4.8.5　加强国际工程劳务派遣管理

（1）对工程项目所在国劳动力市场进行充分研究。包括当地劳动力状况、劳动力来源等，以及中国劳动力可否进入，需要哪些程序，有什么限制？当地是否有工会组织，工会组织有什么影响？英美等发达国家的工会组织势力非常大，甚至能影响到国家政治。因此在这些国家承包工程必须要注意不能违反工会的各项规定和要求，例如当地工人的带薪休假，以及各种津贴等，以避免麻烦。

（2）重视招聘环节。用工单位对派出的劳务人员必须严格把关，保证聘用到合适的人员，同时也使工人在出国前对项目情况、工作生活环境，以及收入待遇、福利等有全面的了解。

（3）聘用本土人员。首先是为了满足合同和工程所在国法律强制性要求，也是为了充分利用本地社会资源，降低用工成本。有些地方政府鼓励海外务工，因此用人单位应获得工人来源地政府的支持，这样工人出国前没有后顾之忧，各种手续办理比较顺畅。

（4）尽快办理入境所需要的各种手续。包括用人指标、返签、签证等，保证选聘的工人能够按时出国。

（5）必须坚持细致入微的劳务管理。工人对出国工作的艰苦性虽然都有思想准备，但也会计较住宿条件、伙食好坏、收入高低等现实问题，因此，必须时刻关注工人的需求和思想动态，及时解决所暴露出的问题，保证劳务层稳定，避免由于小事情引发激烈的矛盾冲突。

创 新 篇

第5章 劳务管理数字化转型

5.1 数字化转型背景

5.1.1 数字建筑

1. "数字建筑"的定位

随着数字技术在不同领域由局部应用逐步扩展到整个社会所有领域大规模的应用，建筑领域的数字化已成为必然的趋势。建筑领域的数字化涉及目标、理论和方法、技术与实践等各个层面，以及设计、建造、运维管理等诸多过程的复杂系统问题。因此，要解决这些问题，有必要首先在概念层次上确立一个定位，并用这个定位引领建筑领域数字化的基本框架体系。有了这样一个定位，建筑领域的数字化才可能拥有一条较为清晰的路线，数字技术在建筑领域中的各种应用尝试，才会形成相互联系和支持的有机整体。为此这个定位的最佳表达就是"数字建筑"。

"数字建筑"之所以能够成为建筑领域数字化发展的目标定位，首先是"数字建筑"的名称沿用了广为人知并普遍得到认同的"数字地球""数字城市"等概念的表达习惯，并秉持了同样的"数字化"目标理念。其次是"数字建筑"具有较大的包容性，不仅可以涵盖建筑领域数字技术研究应用既有的成果，还可以包含未来应用发展的无限可能。

"数字建筑"的概念界定可表述为：在数字技术支撑下，建筑产业领域为适应数字化时代发展格局，满足建筑产品全寿命周期信息处理的需求，以及提高建筑产品整体效能而采取的先进的方法和技术体系的总称。"数字建筑"概念的技术目的是实现建筑产业领域生态系统的信息化、自动化、智能化、集成优化，提高工程建造过程和建筑系统的绿色运行效率，保证建筑产品的质量并有效促进环境保护。

2. "数字建筑"概念内涵剖析

（1）面向全生命周期的概念

除了面向领域概念的定义外，"数字建筑"还需要面向建筑全生命周期过程提出并解决问题。建筑全生命周期包括建筑项目的策划、设计、建造、运行、管理直到拆解的全过程。从目前的数字技术发展状况和趋势分析，数字技术的应用完全可以贯穿建筑全生命周期过程，因此可以明确"数字建筑"研究的三大子域，即：设计数字化、生产数字化，以及建筑产品全生命周期管理的数字化。这三大子域的划分，可以为"数字建筑"理论和方法的探讨提供一个基本的框架。

对比先进的制造业，面向产品全生命周期设计，是工业设计和制造领域较早提出且至今仍然秉持的先进设计理念，然而它在建筑领域的影响似乎并不是很大，究其原因在于，与一般工业产品相比，建筑产品的全生命周期一般较长，建筑产品的生产及维护方式相对简单甚至粗放，建筑产品的设计、生产与市场的互动不直接、不及时等。然而，这种状况将随着数字化在三大子域的逐步深入而得到根本的改变。

（2）集成化的概念

"数字建筑"的三大子域是相互联系和相互支持的整体。在数字化条件下，建筑全生命周期过程主要依赖数字化信息的控制，为了实现对信息的有效控制，各子域系统内部以及子域系统之间不是孤立的。集成化包含三个层次含义：

1）信息集成，即消除设计、建造、运行管理等各个子域以及子域之间的数字化孤岛问题，以保证信息的正确、高效率的交换与共享。

2）过程集成，即在信息集成基础上重构相关活动过程。通过将各种串行过程尽可能多地转变为并行的过程，以提高上游设计阶段决策的正确性。

3）企业集成，即将信息集成、过程集成概念扩展到参与建筑项目的相关企业之间，以充分利用联盟企业所具有的设计资源、生产资源和人力资源，提高复杂建筑项目的开发能力。

（3）技术、理论与方法融合的概念

数字技术首先改变了数千年来人类建筑设计思维活动中所依赖的媒介工具，其影响意义是难以估量的。而且，数字技术是可以与许多传统的技术相结合的中性技术，这种结合能够极大地改变建筑领域物质、能量和信息流动的关系链。由于这些改变，需要重新审视不同媒介在建筑设计思维中的作用，需要重新评估并重组现有建筑设计过程、施工生产过程，以及运行管理过程，重新建构建筑企业、部门、组织以及人员间的多方协同、协作关系。数字技术带来的这些改变，将有可能彻底改变乃至推翻既有的建筑设计、施工生产和管理模式。因此，"数字建筑"研究不仅仅包括数字技术的应用，更重要的是要在技术实践中不断发现并总结出系统性的理论与方法。

"数字建筑"的准确定位，才能真正将建筑学、土木工程建设的发展与当前信息化时代联系起来；才有可能吸引更多建筑师、设计师、建造师以及相关领域的专家学者，共同参与建筑领域数字化发展目标的制定，以及"数字建筑"理论和技术支撑体系的研究和建构。

5.1.2 数字劳务

数字化已上升为国家战略，建筑劳务管理数字化也是必然的趋势。数字化劳务的本质含义是劳务管理的数字化，属于智能建造的范畴。数字化则是实现劳务管理优化升级的重要手段。2018 年 11 月，中国建筑业协会劳务管理分会配合住房和城乡建设部建筑市场监管司开发的"全国建筑工人管理服务信息平台"正式启用。在建筑业数字化转型升级过程中，建筑工人通过实名制，率先实现了劳务数字化管理。目前实名制已经在部分省份实现了在建项目的全覆盖。截至 2022 年 8 月中旬，平台在册的建筑工人已经超过五千万。数字化劳务在规范建筑市场秩序、加强工人管理、维护建筑工人和建筑企业的合法权益以及在防疫等方面都发挥了巨大的推动作用。

（1）数字化在对建筑工人的服务方面也发挥了重要作用。只有基于数字化管理服务平台，实现各部门、各平台之间数据共享，实施信息化动态监管，才能有效解决施工现场存在的管理问题以及工人面临的安全隐患。因此，建筑劳务数字化系统的建设发展空间巨大。目前，各地建筑劳务管理服务的"数字化"步伐不断加快，各省市都在建设数字化的建筑劳务管理平台。同时，一些市场化的招工用工平台也不断涌现。据不完全统计，目前建筑劳务数字化平台至少有上百家，如中建的云筑网、深圳的建筑港、成都的鱼泡网等等，有些平台每天能完成招工人数超万人，在促进建筑工人就近就业、服务企业和工人方面发挥了重要作用。

（2）加快构建建筑劳务产业园，实现劳务企业管理平台化。通过构建建筑劳务产业园，一方面打通农村转移劳动力就业渠道，通过人员聚集、培训资源聚集、用工企业聚集三大聚集优势，着力解决农民工在招录、培训、就业方面的现实问题，进一步巩固脱贫攻坚成果。另一方面加速整合、优化、引导建筑工人队伍和小微劳务企业向专业作业企业转型发展，逐渐由低层次的体力型、数量型向高层次的技术型、质量型转变，促进专业作业企业成为建筑业的用工主体。此外可以通过企业聚集的形式，进一步破解劳务企业"松散小"、服务保障不到位等问题，打通建筑业管理政策向小微企业传导的"最后一公里"。国内目前已出现建筑劳务产业园，但功能、形式、运营模式各不相同，需要进一步完善建筑劳务产业园建设标准，建立建筑劳务产业园等级评价体系，填补建筑劳务产业园在产业发展、税收返还、业务服务帮扶等方面的政策空白，进而带动建筑专业作业企业体系化建设，实现推动劳务用工改革、培育产业工人队伍、扩大剩余劳动力就业、巩固脱贫攻坚成果、带动行业技术革新、保障劳务人员权利、推动产业升级的目的。

（3）加快数字技术与建筑业深度融合，实现劳务用工管理数字化。要将数字技术更有效地运用到建筑业中，就要用数字化手段提升劳务管理水平。着力打造平台企业＋产业园区运营模式，引导产业园区加快数字基础设施建设，丰富技术、数据、平台、供应链等服务供给，提升线上线下相结合的资源共享水平，引导各类要素加快向园区集聚，利用数字技术提升园区的管理和服务能力，赋能传统建筑业转型升级。一方面做实产业链保障机制的有效落地，打通住房和城乡建设部实名制管理系统与人力资源和社会保障部农民工监控预警系统的数据共享，全面实现建筑施工项目动态监管和劳务用工数字化监管的一体化建设，通过信息化手段对建设工程项目农民工工资支付资金到位率进行监管，保障资金来源。另一方面做强供应链供给能力和质量提升，充分运用产业园数字技术做实专业作业企业信用评价、建筑产业工人数字化诚信体系建设，加强劳务用工大数据监管与调度作用，形成施工总承包企业与建筑劳务产业园区的创新协同、错位互补、供需联动的区域数字化发展生态，提升产业链供应链协同配套能力。

5.2 劳务管理数字化技术

5.2.1 新一代信息化技术

1. BIM 技术

BIM 技术以建筑物的三维图形为载体，进一步集成各种建筑信息参数，形成数字化、参数化的建筑信息模型，然后围绕数字模型实现施工模拟、碰撞检测、5D 虚拟施工等应用。借助 BIM 技术，能在计算机内实现设计、施工和运维数字化的虚拟建造过程，并形成优化的方案指导实际的建造作业，极大提高设计质量、减少施工变更、提升工程可实施性。

目前，BIM 技术已经被广泛应用在施工现场管理中。在施工方案制定环节，利用 BIM 技术可以进行施工模拟，分析施工组织、施工方案的合理性和可行性，排除可能出现的问题。例如在排除管线碰撞问题、模拟施工方案（深基坑、脚手架）等的应用，对于结构复杂和施工难度高的项目尤为重要。在施工过程中，将成本、进度等信息要素与模型集成，形成完整的 5D 施工模型，帮助管理人员实现施工全过程的动态实物量管理、动态造价管理、计划与实施的动态对比等，实现施工过程的成本、进度和质量的数字化管控。目前，BIM 技术的应用逐渐呈现出与物联网、智能化设备、移动等技术集成应用的趋势，发挥着更大的作用。在竣工交付环节，所有图纸、设备清单、设备采购信息、施工期间的文档都可以基于

BIM 模型统一管理，可视化的施工资料和文档管理，为今后建筑物的运维管理提供了数据支撑。

2. 云计算技术

云计算是网格计算、分布式计算、并行计算、效用计算、网络存储、虚拟化和负载均衡等计算机技术与网络技术发展融合的产物。云计算按照服务类型大致可以分为三类，将基础设置作为服务（Infrastructure as a Service，IaaS）、将平台作为服务（Platform as a Service，PaaS）、将软件作为服务（Software as a Service，SaaS）。

在施工现场智能化应用过程中，云计算作为基础应用技术是不可或缺的，在物联网、移动应用、大数据等技术的应用过程中，需要搭建云服务平台，实现终端设备的协同、数据的处理和资源的共享。

3. 大数据技术

关于大数据特征的描述是由国际数据公司（International Data Group，IDG）提出的 4 个 V。一是数据体量巨大（Volume）；二是数据类型繁多（Variety）；三是处理速度快（Velocity）；四是价值密度高低（Value）。海量数据中有价值信息很少，如何通过强大的机器算法更迅速地完成数据的价值"提纯"，寻找数据关联关系，并建立有效模型，成为目前发挥大数据应用价值的重点。

项目施工过程中将会产生海量的数据，包括工程设计图纸、工程进度数据、合同数据、付款数据、供应商评审信息、询价信息、劳务数据、质量检验数据、施工现场的监控视频等不同的数据信息。随着"智能工地"的实施与应用，更多的物联网、BIM 技术被引入，建设项目产生的数据将成倍的增加，数据量将是惊人的。以一个建筑物为例，一栋楼在设计施工阶段大概能产生 10T 的数据，如果到了运维阶段，数据量还会更大。这些数据充分体现了大数据的三个特征，多源、多格式、海量，对这些数据进行收集整理并再利用，可帮助企业更好地预测项目风险，提前预测，提高决策能力；也可帮助业务人员分析提取分类业务指标，并用于后续的项目。例如从大量预算工程中分析提取不同类型工程的造价指标，辅助后续项目的估算工作。

4. 物联网技术

物联网是通过在建筑施工作业现场安装各种 RFID、红外感应器、全球定位系统、激光扫描器等信息传感设备，按约定的协议，把任何与工程建设相关的人员或物品与互联网连接起来，进行信息交换和通信，以实现智能化识别、定位、跟踪、监控和管理的一种网络。弥补传统方法和技术在监管中的缺陷，实现对施工现场人、机、料、法、环的全方位实时监控，变被动"监督"为主动"监控"。物联网具备三大特征，一是全面感知，利用传感器、RFID、二维码等采集技术，随时随地获取现场人员、材料和机械等的数据；二是可靠传送，通过通信网与互联网，实时获取的数据可以随时随地地交互、共享；三是智能处理，利用云计算、大数据、模式识别等智能计算技术，对海量的数据进行分析与处理，提取有用的信息，实现智能决策与控制。因此，物联网不是一项技术，而是多项技术的总称，从其技术特征和应用范围来讲，物联网的技术可以分为自动识别技术、定位跟踪技术、图像采集技术和传感器与传感网络技术。

5. 移动互联网技术

移动互联网（Mobile Internet，MI）是一种通过智能移动终端，采用移动无线通信方式获取业务和服务的新兴业态，包含终端、软件和应用三个层面。终端层包括智能手机、平板电脑、电子书、MIDI 等；软件包括操作系统、中间件、数据库和安全软件等；应用层包括休闲娱乐类、工具媒体类、商务财经类等不同应用与服务。随着技术和产业的发展，第四代移动通信技术（4G）和移动支付的支撑技术，近距离无线通信技术（Near Field Communication，NFC）等网络传输层关键技术也将被纳入移动互联网的范畴之内。

移动应用对于建筑施工现场有着天然的契合度，施工现场人员的主要工作职责和日常工作发生地点一般在施工生产现场，而不是办公区的固定办公室。基于PC 机的信息化系统难以满足走动式办公的需求，移动应用解决了信息化应用"最后一公里"的尴尬。通过项目现场移动 App 的应用，实现项目施工现场一线管理人员的碎片化时间整合利用。目前移动应用被广泛的应用在现场即时沟通协同、现场质量安全检查、规范资料的实时查询等方面。同时移动应用与物联网技术、BIM 技术、云技术集成应用，在手机视频监控、二维码扫描跟踪、模型现场检查、多方图档协同工作上得到深度应用，产生了极大的价值。

6. 其他智能化技术

智能化技术主要是将计算机技术、精密传感技术、自动控制技术、GPS 定位技术、无线网络传输技术等的综合应用于工艺工法或机械设备、仪器仪表等施工技术与生产工具中，提高施工的自动化程度及智能化水平。《2016—2020 年建筑业信息化发展纲要》明确提出发展智能化技术的转向应用，开展智能机器人、智能穿戴设备、手持智能终端设备、智能监测设备等在施工过程中的应用研究，提升施工质量和效率，降低安全风险。智能建造现场"智能工地"应用中使用较多的是智能测量技术与智能化机械设备应用。

5.2.2 劳务管理数字化平台

1. 建筑业劳务管理数字化平台的结构、功能、内容

（1）劳务管理平台的系统结构

1）基础设施层

包括云计算平台：AWS/Azure/阿里云等提供弹性计算资源；物联网设备：人脸识别闸机、GPS定位设备、安全帽芯片；网络架构：5G+Wi-Fi6混合组网，支持施工现场复杂环境。

2）数据层

包括核心数据库：MySQL集群（工人档案）+MongoDB（非结构化数据）；实时数据库：Redis（考勤实时数据流）；大数据平台：Hadoop/Spark（劳务数据分析）。

3）应用层

包括微服务架构：Spring Cloud Alibaba+ Docker容器化部署；API网关：统一对接政府监管平台（如全国建筑工人管理服务信息平台）。

4）用户访问层

包括Web管理后台（B/S架构）；微信小程序/App（工人端）；数据大屏（项目管理驾驶舱）。

（2）核心功能模块

1）劳务实名制管理

包括生物特征采集（人脸+指纹）、电子档案管理（身份证/特种作业证/体检报告OCR识别）、黑名单预警系统（对接全国建筑工人失信名单）。

2）智能考勤管理

包括多模式考勤融合（闸机+GPS+蓝牙信标）、工时或计件智能核算（自动识别加班/夜班系数）、异常考勤预警（连续工作时长监测）。

3）薪资智能结算

包括自动生成工资单（对接工程量清单）、银行直连代发（银企直连接口）、个税自动申报（对接金税系统）。

4）安全培训管理

包括VR安全教育系统（事故模拟场景）、电子培训档案（学习轨迹区块链存证）、证书到期预警（特种作业证有效期管理）。

（3）扩展功能体系

1）合同管理

包括电子签章系统、劳务分包合同模板库、争议条款智能比对。

2）纠纷调解

包括区块链存证、多方视频调解室、法律事务机器人咨询。

3）卫生疫情防控

包括身体健康状况自动监测、生理周期智能提醒。

4）产业工人培育

包括技能等级评定系统、在线技能培训平台、工匠人才数据库。

（4）平台系统架构图

平台系统架构由以下四个层级组成：

1）用户访问层

包括管理后台、移动端、大屏。

2）应用服务层

包括认证中心、工单系统、考勤引擎、薪资引擎、BI分析、消息中间件。

3）数据服务层包括

包括关系型数据库、时序数据库、对象存储、区块链节点。

4）基础设施层

包括云服务器、IoT设备管理、CDN网络、安全防护体系。

（5）平台关键技术实现

1）边缘计算：在工地现场部署智能终端，实现考勤数据本地化处理。

2）数字孪生：BIM模型与劳务数据融合，实现人员动线优化。

3）智能预警：用工合规预警（年龄/保险/体检）、工资发放异常预警（欠薪风险预测模型）、安全事故预警（结合人员定位与危险区域电子围栏）。

（6）数据对接标准

1）符合住房和城乡建设部、人力资源和社会保障部《建筑工人实名制管理办法（试行）》、符合国务院《保障农民工工资支付条例》要求。

2）对接住房和城乡建设部《全国建筑工人管理服务信息平台》《全国建筑工人管理服务信息平台数据标准（试行）》和《全国建筑工人管理服务信息平台数据接口标准（试行）》。

3）支持与各地区"实名制监管平台""智慧工地监管平台"数据互通。

2. 劳务管理数字化平台应用需解决的问题

工程建设施工现场的农民工流动性大，工作时间、工作地点不固定，劳动合同也并非与总承包单位签订，导致现场工人维权难。对于建筑企业而言建筑工人的工资支付已经成为企业管理的重点工作。目前，劳务管理数字化平台应用仍然需要解决以下问题：

（1）实名制信息录入工作量大、人员信息核实慢。工程施工现场管理单位众多，人员成分复杂，再加上农民工流动性极大，给人员信息登记带来了极大的挑战。庞大的信息量使劳务管理人员在实名制登记、信息核实过程中多次填写重复的项目信息，身份证号、银行卡号等复杂数据录入过程中也容易产生低级错误，最终导致工资支付过程出现问题。

（2）现场考勤出错率极高，工时核算不准确。目前，建筑工地大多采用闸机＋人脸识别的形式进行人员考勤，但由于工地现场网络环境的制约，考勤机的考勤数据与实际数据总有出入，再加上考勤机数据与政府系统连通，施工单位没有权限修改考勤机的数据，这样为打卡补签带来了不便，工人的工时核算容易出错。

（3）部分项目数据不真实，公司层面很难监管。部分建筑施工单位工资支付的监督体系不完善，监管的效力极其有限。再加上项目部的劳务信息与公司层面不共享，部分项目部为了项目绩效得分，迎合公司考核，修改现场数据，导致出现农民工工资漏发或者超发的现象。

（4）公司层风险管控难，整改情况难追踪。很多建筑施工企业没有建立完善的事前和事中管理手段，劳资风险预警不足，在面对维权事件和恶意讨薪事件时，缺乏有力的数据支撑。事后处理过程中也缺少有效的跟踪监督，没有实现劳务纠纷事件的处理闭环。

随着行业数字化水平的不断提升，通过数字化手段完善劳务数字化管理平台，连接一线作业人员，打通从工人入场到退场的全部环节，对建筑业劳务人员身份信息、劳动考勤、工资发放等信息进行动态收集记录，实现人员的数字化、信息化管理，实现劳务作业全流程在线化管理，能够很好地解决这些难题。

5.2.3 培育建筑业新质劳务

1. 数字经济时代建筑产业工人面临的挑战

在数字经济和智能建造快速发展的背景下，建筑产业工人面临数字技术迭代加速、职业模式转型等多重挑战。

（1）数字技术迭代压力

1）BIM 技术、3D 打印、AI 施工设备等技术的普及，要求工人掌握数字化工具操作能力，建筑工人的传统经验型技能逐渐失效。

2）施工企业数据管理（如施工数据分析、物联网设备监控）成为新岗位核心需求，建筑工人面临跨领域学习压力。

（2）建筑行业就业结构剧变

1）常规的低技能岗位（如砌筑、焊接）被自动化取代，全球建筑业自动化率预计 2030 年达 25%（麦肯锡数据），部分工人面临失业风险。

2）建筑业新岗位如"智能建造师""建筑机器人操作员"需求激增，但技能与岗位需求错配导致结构性矛盾。

（3）人机协作模式重构

1）操作工人需适应与机器人协同作业，例如无人机巡检、机械臂辅助施工，传统管理方式失效。

2）远程操控、虚拟现实（VR）培训等新场景对操作工人认知能力提出更高要求。

（4）数据安全与伦理风险

1）操作工人需处理敏感工程数据，但普遍缺乏网络安全意识，易引发信息泄露事故。

2）施工现场智能监控设备普及引发个人隐私争议，操作工人面临数字化监管压力。

（5）职业健康与心理转型

1）长时间操作数字化设备可能导致新型职业病（如 VR 眩晕症、屏幕眼疲劳）。

2）技术代际鸿沟加剧中年工人转型焦虑，部分群体产生职业身份认同危机。

2. 培育建筑业新质劳务的路径

在数字技术与实体经济深度融合的背景下，建筑业正面临传统劳务模式与新质生产力要求的结构性矛盾。以下从技能升级、组织重构、技术赋能三个维度，提出培育建筑业新质劳务体系的具体路径和系统性解决方案。

（1）系统性重塑操作工人技能

1）建立基于 BIM 技术的模块化培训体系，将建筑信息模型与虚拟现实结合，实现施工场景的沉浸式技能训练。

2）引入工业机器人协同训练课程，培养工人与智能装备的协同作业能力。

（2）创新产教融合机制培养新生代产业工人

1）创建"双师型"产业学院，企业技术骨干与院校教师共同开发课程体系。

2）实施"项目嵌入式"教学模式，以真实工程项目为载体组织教学实践活动。

3）建立技能培训与职级评定联动机制，打通职业资格认证和职业发展通道。

（3）集成人因工程与适老化技术

1）研发智能外骨骼辅助系统，降低重体力作业的生理负荷和疲劳强度。

2）开发适老化施工工具包，通过人体工学设计和智能反馈提升施工作业安全性。

3）构建施工作业环境动态监测系统，实时调节温湿度、光照等环境参数。

（4）再造组织模式与业务流程

1）推行"细胞式"作业单元，组建复合型施工作业小组。

2）建立"任务池"用工平台，实现技能需求与劳动力供给的智能匹配。

3）开发全流程数字监管系统，集成人员定位、质量追溯、安全预警、工程量确认等功能。

（5）建设建筑劳务互联网平台

1）构建"滴滴式"用工调度系统，实现区域性劳务资源共享和调度。

2）部署区块链信用存证体系，建立工人数字身份档案。

3）开发 AI 智能排班算法，优化多项目协同的劳务人力资源配置。

（6）实施覆盖行业或区域的专项措施

1）开展省级建筑产业工人队伍建设改革试验区建设。

2）设立专项引导基金支持建筑业新质劳务的技术创新。

3）构建政企校协同融合创新共同体。

4）制定新质劳务标准体系。

培育建筑业新质劳务需要实现技术革命、组织变革与制度创新的系统联动。通过构建数字化技能生态、智能化组织网络和人性化作业环境，能够有效提升建筑业全要素生产率，为建筑业高质量发展提供可持续的人力资源支撑。

5.2.4　建筑机器人应用

2020 年 12 月 18 日，住房和城乡建设部等 12 部门在印发的《关于加快培育新时代建筑产业工人队伍的指导意见》（建市〔2020〕105 号）中提出：引导建筑企业加强对装配式建筑、机器人建造等新型建造方式和建造科技的探索和应用，提升智能建造水平，通过技术升级推动建筑工人从传统建造方式向新型建造方式转变。建筑机器人应用对于替代苦、脏、累、险等工种和特殊场景的施工作业，以及转变劳务作业方式具有重要的现实意义。

1. 背景与政策

当前，世界处于百年未有之大变局时代，全球范围内的科技革命和产业变革与中国式现代化和高质量发展形成了历史性的交汇点。随着信息化、工业化不断融合，以机器人科技为代表的智能产业蓬勃兴起，成为现时代科技创新的一个重要标志。现代科学技术与中国传统建筑业的融合，极大地提高了建筑业的生产力水平，创造了建筑业的新质生产力和新型生产关系，形成了包括智能建造方式在内的多种类型的新型建造方式。

智能建造方式是随着当代先进信息技术、先进制造技术、先进材料技术和全球供应链系统与传统建筑业相融合而产生的，智能建造方式是现代建筑业演变规律的体现。建筑机器人是智能建造生产方式的重要组成部分。

2020 年 7 月 3 日，住房和城乡建设部等 13 部委在《关于推动智能建造与建筑工业化协同发展的指导意见》（建市〔2020〕60 号）中要求，探索具备人机协调、自然交互、自主学习功能的建筑机器人批量应用。加快部品部件生产数字化、智能化升级，推广应用数字化技术、系统集成技术、智能化装备和建筑机器人，实现少人甚至无人工厂。以钢筋制作安装、模具安拆、混凝土浇筑、钢构件下料焊接、隔墙板和集成厨卫加工等工厂生产关键工艺环节为重点，推进工艺流程数字化和建筑机器人应用。推动在材料配送、钢筋加工、喷涂、铺贴地砖、安装隔墙板、高空焊接等现场施工环节，加强建筑机器人和智能控制造楼机等一体化施工设备的应用。发挥龙头企业示范引领作用，在装配式建筑工厂打造"机器代人"应用场景，推动建立智能建造基地。

2022年1月19日，住房和城乡建设部在《关于印发"十四五"建筑业发展规划的通知》（建市〔2022〕11号）中要求，加快智能建造与新型建筑工业化协同发展，完善智能建造政策和产业体系，加快建筑机器人研发和应用。

2022年6月30日，住房和城乡建设部、国家发展改革委在《关于印发城乡建设领域碳达峰实施方案的通知》（建标〔2022〕53号）中提出：推广智能建造，到2030年培育100个智能建造产业基地，打造一批建筑产业互联网平台，形成一系列建筑机器人标志性产品。

2022年10月25日，住房和城乡建设部印发《关于公布智能建造试点城市的通知》（建市函〔2022〕82号），将北京市等24个城市列为智能建造试点城市，并要求试点城市严格落实试点实施方案，建立健全统筹协调机制，加大政策支持力度，有序推进各项试点任务，及时总结工作经验，形成可感知、可量化、可评价的试点成果，确保试点工作取得实效。很多试点城市在方案中都将建筑机器人应用作为重点内容，例如，江苏省在推进智能建造发展实施方案中明确提出加快发展和应用建筑机器人及智能装备：

（1）普及测量机器人和智能测量工具。应用土方测量无人机，一键采集地形信息，通过自主知识产权软件进行土石方量快速计算；应用三维测绘机器人，由机器人自动规划路径到达待测区域，通过点云扫描仪快速精确自动扫描测量墙面、柱面的平整度和垂直度；应用智能实测实量工具，自动统计形成智能报表并上传至云端，实现实测实量，提高实测效率和准确度，并实现数据智能分析。

（2）推广应用部品部件生产机器人。以钢筋制作安装、模具安拆、混凝土浇筑、钢构件下料焊接等工厂生产关键工艺环节为重点，推进工艺流程数字化和建筑机器人应用；应用智能钢筋绑扎机器人，实现钢筋自动夹取与结构搭建、钢筋视觉识别追踪与定位、钢筋节点自动化绑扎等功能；应用模具安拆机器人，根据自动解析的构件信息，实现边模识别、输送、喷油、分类入库以及划线和布模等全过程自动化生产。

（3）研发施工机器人和智能工程机械设备。在材料配送、钢筋加工、喷涂、布料、铺贴、隔墙板安装、高空焊接等现场施工环节，加强建筑机器人的研发应用，替代传统粗放式施工作业；推广应用智能塔式起重机、智能混凝土泵送设备、自升式智能施工平台（造楼机）、造桥机、智能运输设备等智能化工程机械设备，提高施工质量和效率。

（4）采用工程监测机器人和清扫机器人。在运维阶段，大力研发应用自主巡检机器人和结构、性能实施智能监测机器人；对于难以清扫、危险系数较大的幕墙，可使用无人机装备和建筑清扫机器人相配合的方式，高效、彻底地进行建筑玻璃幕墙的清洁。

苏州市在2023年度推进智能建造工作要点中提出，制定建筑机器人推广政策，编制应用建筑机器人补充定额，率先推广建筑机器人应用，主要包括地面整平、抹平、抹光施工机器人，墙面喷涂、抹灰、ALC墙板安装施工机器人。政府投资房建工程单项5万平方米以上项目，应率先试用成熟建筑机器人，全市单项5万平方米以上房建工程项目全面使用建筑机器人辅助施工。针对"危、繁、脏、重"施工场景加强对建筑机器人等建造装备的研发、创新和更新迭代。

2. 建筑机器人的定义与组成

（1）建筑机器人的定义

建筑机器人是指可以自动或半自动执行建筑施工作业的机器设备。可以通过运行预先编制的程序或人工智能技术制定的原则纲领进行施工活动，替代或协助建筑工程施工人员完成诸如焊接、砌墙、搬运、安装、喷涂等施工工序作业，并能有效提高施工效率和施工质量，保障作业人员安全，降低工程施工成本。

（2）建筑机器人的类型

目前，建筑机器人主要分为拆除/迁机器人、砌砖机器人、钢筋绑扎机器人、铺地砖机器人、铺路机器人、测绘机器人、钢梁焊接机器人、铝模板焊接机器人、抹平机器人、腻子打磨涂敷机器人、墙面喷涂机器人、爬架机器人等。

（3）建筑机器人的构造组成

建筑机器人一般由机械系统、控制系统、传感器系统和计算机系统等组成。1）机械系统是实现机器人动作的关键，包括一系列的机械部件，如臂部、腕部、末端执行器等。2）控制系统则负责根据传感器的输入信号，通过计算机对机器人的运动进行精确控制，以完成各种任务。3）传感器系统包括多种传感器，如视觉传感器、距离传感器、力传感器等，用于获取周围环境信息，为机器人提供更多的反馈信息。4）计算机系统则是机器人的"大脑"，负责处理各种信息，进行决策和控制。

3. 建筑机器人应用效果

在施工组织顺畅和现场工序管理有效的前提下，建筑机器人应用具有较好的效果。

（1）减少施工现场劳务工人用工数量

建筑工程施工中的许多复杂工序都可以通过相应的建筑机器人来替代或辅助完成。例如，土方工程、地基与基础工程、砌筑工程、钢筋混凝土工程、防水工程和装饰工程等，每类工程中包含的各种工序和具体的施工作业，都可以采用适合的建筑机器人从事工序作业，减少施工现场操作工人的数量。

（2）较大幅度提高生产效率

建筑机器人能够替代人工完成高强度、重复性的工作，如混凝土浇筑、钢筋绑扎等。例如，地面整平机器人和地库抹光机器人可以自动完成混凝土地面的整平和抹光工作，相比较传统的人工操作，效率提升两三倍。

（3）减少安全生产事故

建筑机器人通过 AI+3D 视觉技术，能够实现对施工作业环境和复杂物体的智能识别与处理，从而完成精准定位、重物搬运等任务，降低人为操作带来的安全风险。建筑机器人的使用降低了工人的劳动强度，减少了职业病的发生。

（4）提高工程质量控制精度

通过 BIM 模型提供的精确建筑数据，建筑机器人能够提前规划施工路径和操作流程，实现更高精度的施工质量控制。

（5）改善施工作业环境

在部品生产、施工和维护等环节推广建筑机器人应用，可以替代人工完成"危、繁、脏、重"的施工作业，改善工人的施工作业环境。

（6）降低施工成本

由于使用建筑机器人可以减少用工数量，从而降低人力成本；同时建筑机器人在施工过程中能够实现高精度作业，避免因人为因素导致的失误和损失，从而降低整个项目的施工成本。

（7）减少劳务纠纷

由于用工数量的减少，劳动合同、劳务分包合同的数量也会随之减少，从而产生劳务纠纷的可能性也会减少。

4. 建筑机器人应用存在的问题

随着人工智能和建筑机器人技术的不断发展，越来越多的建筑机器人问世并投入使用。然而，建筑机器人在应用中存在着诸多问题。

（1）建筑机器人的应用场景有限，主要用于一些简单的、重复的、低技能的工作，比如搬运、清理、平整、喷涂等，难以胜任更加复杂的施工任务。

（2）建筑机器人的使用功能有待提高，很多建筑机器人的施工精度并不高，在工地现场应用中存在诸如定位不准、路径规划不合理等问题。

（3）建筑机器人的应用成本较高，很多中小型建筑企业难以负担。

（4）缺乏建筑机器人使用的相关定额，投标报价和成本核算难以确定。

建筑机器人在应用中面临的问题比较多，这也限制了建筑机器人的进一步发展和推广。

5. 建筑机器人应用趋势

（1）面向产业需求提高建筑机器人使用功能

一是面向不同行业研发覆盖施工工序更多、应用范围更广、功能更强的建筑机器人。二是建立建筑机器人行业数据标准体系，编制数据接口标准，引导通用底盘、导航、避障算法等数据标准化以及多机器人协同调度数据接口的统一化。三是加快出台更多适用于建筑机器人施工作业、过程管理、验收的标准，进一步规范建筑机器人研发导向与产品属性。四是推动建筑工艺变革，突破传统工艺流程，颠覆现有的施工生产模式，探索与建筑机器人适配的施工工艺，创造更适合建筑机器人作业的场景。

（2）创新面向建筑机器人的工程项目管理体制

一是探索和实施面向建筑机器人施工作业并与之相匹配的专业承包模式。二是优化工程项目管理策划和施工组织设计，加强建筑机器人专项施工方案的编制、审批和实施的组织管理。三是制定人机协作的专项工程施工管理制度和建筑机器人使用管理制度。四是研究面向多台同类型建筑机器人、多场景不同类型建筑机器人的集群化协同施工管理运行机制。

（3）编制建筑机器人施工定额指导标准

一是面向不同行业建立建筑机器人施工作业基础数据库。二是编制适用于投标报价的建筑机器人施工定额计价标准。三是引导建筑企业制定建筑机器人施工作业成本核算标准。

（4）培育建筑机器人操作技能工人队伍

一是优化建筑产业工人队伍结构。二是加大职业院校专业化人才培养。三是建筑企业与建筑机器人制造厂商联合培养高技能专业人才。四是确定职业定位与技能标准。

5.3　劳务管理数字化案例

5.3.1　建筑工人实名制管理平台案例

云南建投第二安装工程有限公司依托钉钉平台建立综合数据决策平台，打造管理驾驶舱，通过一个数据面板可以及时看到所有内部经营数据，帮助管理者进行管理决策。以下介绍云南建投劳务实名制管理平台的主要内容。

1. 劳务实名制管理场景

建筑工人每天上班走进项目入口通道，阿里钉钉人脸识别考勤机 M2 自动识别，考勤数据记录在白洪东的手机钉钉上，每天、每周、每月的考勤情况、工时数据一目了然。这些考勤数据经过云南建投的开发，同步回传到云南省建筑农民工实名制管理服务平台的数据库和云南建投的可视化大屏。

农民工实名制可视化大屏上，各项数据不断跳动更新，当日实名信息录入人数，第一工程部应发工资、实发工资，第二工程部应发工资、实发工资等，种种数据清晰可见。

通过钉钉组织在线实现实名认证、人脸识别比对，连通地方公安局身份证信息，以软硬一体的方式实现在线化、数字化、智能化的实名制管理；同时农民工身份信息、工时信息直接对接住建部及云南省住建厅的数据库，有力根除中间环节，让劳务链条透明化。

2. 建筑工人在线学习

将安全教育、技术培训制作成音视频，打造施工企业云端大学，在进场前对农民工进行培训，帮助农民工向产业工人转型。

3. 安全生产管理

在生产现场通过施工日志、现场隐患检查、工序施工质量三检等，将被动管理变成主动管理，加强安全检查，保障工人安全。

在施工前，管理人员可以拍摄相关教学短视频，形成企业知识库，工人进行在线安全及施工技术交底，还能不断提升自主安全意识和施工质量水平。

政府建立完善的实名制管理平台、建筑工人需要实名认证、建筑工地必须进行电子打卡，这是目前建筑工人实名制落实的三项主要措施，而钉钉在后面两项上具有天然优势。

目前，云南建投已实现建筑工人、建筑工地以及劳务关系的在线管理。项目信息、进场三级安全教育、安全检查、生产检查等生成项目档案，农民工人基础身份信息、劳务合同、考勤工时数据、应发工资等形成农民工花名册，所有信息在线化，透明可见可查。

工人进场必须进行实名认证，必须与合法注册公司签订劳务合同，这有效制约了过往包工头制的用工弊端。工人能够真实把握自己的应发工资，建筑企业通过实名到人的用工数据生成工资盘，直接对接银行打款到工人工资卡。

5.3.2 建筑劳务管理综合平台案例

建筑产业工人是我国产业工人的重要组成部分，是建筑业发展的基础，为国民经济和城镇化建设做出重大贡献。但当前我国建筑工人队伍仍面临着无序流动性大、技能素质低、权益保障不到位、老龄化现象突出等问题，严重制约着建筑业的高质量发展。党的十八大以来，随着数字经济的蓬勃兴起，数字劳务成为建筑业数字化转型的重要领域。深圳建筑港以数字劳务推动建筑业高质量发展。

1. 建筑港劳务数字化管理发展状况

建筑港成立于 2015 年 7 月，是一家专注于建筑劳务用工管理的大数据服务商，具有国家高新技术企业资质。公司立足数字科技创新，依托"1+1+5"建筑港 YunCity 智能中心，即基建数字底座 + 融合支撑引擎 + "服务 / 协同 / 监管 / 决策 / 治理"，面向服务工人，企业、政府三大群体，构建了"建筑港数字劳务管理服务平台"。建筑港始终以"追求卓越，更好服务于建筑劳务工人管理"为企业使命。

目前，建筑港数据用户 5000 万 +，月活跃度 400 万 +，每天发布 5000 条 + 招工信息，每天招工需求人数 1.5 万 ~ 4 万人次。

基于建筑港拥有庞大的劳务数据流量，围绕解决建筑行业劳务管理痛点和难点，在全国首创全面覆盖政府端、项目端、班组端、劳务端 4 个主体融合的大数据（GBC）服务管理平台，具有多重服务功能。

2. 建筑港重要的发展节点

建筑港成立以来的发展过程中，主要经历了以下重大节点事件：2015 年建筑港启动"蝴蝶行动"和"繁星行动"，深入项目部，推进互联网 + 建筑业管理模式。2016 年 12 月开展北京双创周和启动"引凤计划"，首次向外界展示建筑港智慧工地管理系统。2017 年启动"春蚕行动"，建筑港工友招募与培训体系全面搭建起航。2018 年启动"燎原行动"和"云匠计划"，长三角落地推广协议全面达成，签约中建四局，长三角调度指挥中心正式成立。同年启动建筑银业务，第三方支付系统迅速达成，实现便捷、安全快速的支付解决方案。2019 年，建立大数据实验室，数字劳务业务覆盖珠三角 90%、长三角 85%、环渤海 65% 的工地。2021 年，圆满完成既定阶段目标，快速成长为业界头部企业，数据用户量突破 5000 万。

特别值得说明的是，2020 年疫情期间，建筑港发挥其大数据优势，为火神山、雷神山医院火速招聘工人，并在短期内配齐机器设备，为医院的快速建成做出了不可忽视的贡献。在近三年的疫情持续波动期间，多次配合深圳市众多辖区及街道办临时紧急招工和发布疫情防控事项，协助政府部门完成了疫情管控任务。建筑港招用工平台的紧急招工能力经受住了重大突发事件的考验和社会管理部门检验。目前，建筑港正在与深圳建筑劳务协会、香港特别行政区有关部门一同探讨建立劳力引入和输出机制。

3. 建筑港劳务数字化管理平台的内容

建筑港数字劳务管理服务平台基于 SaaS 大数据调度中心，打通民生端（C 端）、企业端（B 端）、政府端（G 端）三端孤立的场景，形成三端融合的服务闭环，实现线上线下的数据互通，具有服务、监管、决策、治理、协同、五大服务功能。

在政府端（G 端）的监督平台上，可以实现在建项目统计、在场班组统计、在场人员统计、薪资统计等宏观分析。政府主管部门可以通过一键直达，阳光运作，实现全链监管。

企业端（B端）的项目管理平台上，可以进行入场审批、人员信息、合同管理、任务下发、人员培训、人员薪资、卫生防疫等管理工作。在企业端，通过智能匹配（数据化精准匹配工人、施工质量有保证）、源头规避（年龄超标、违规记录、智能预警，实现源头规避工程风险）、按需调配（建立劳务公司信息库，按需调用，满足工地用工的随机性、临时性）、留痕监管（工资发放全流程、全留痕监管，发放过程有据可查）、技能培训（针对性进行技能培训，帮助企业建设一支知识型、技能型的劳务队伍）、评价体系（企业方一键导入评价体系，高效发现符合要求的专业作业人才）等功能，协助企业实现一站式的建筑工人和劳务管理过程的信息化管控。

在民生端（C端）的班组管理平台上，可以进行组员信息管理、任务下发、组员考勤、扫码打卡、疫情防控、薪资记账、入离合同、人员培训等工作。在民生端（C端）的工友管理平台上，可以安排两制亮码、薪资记录、任务中心、疫情防控、培训中心、入离合同、基本信息、我的履历等事项。工作经历、技能等级、考勤、工资、用工情况、安全培训等数据一目了然。

建筑港数字劳务管理服务平台的运行，能够切实解决政府在建项目管理、安全生产管理、建筑工人流动性管理、权益管理、就业管理等难题。能够解决工程承包企业劳务实名制登记复杂、工作量大、用工荒、招工难、工种配置难、技能培训难、施工现场劳务管理协调难等问题。能够解决建筑工人就业不充分、薪酬及保险问题、工伤权益保障难、纠纷难公平处理、培训不足等问题。

建立建筑工人个人及班组档案，将工人征信核实作为项目进场的前置条件，防止有不良记录的班组（个人）再次进入项目施工现场。通过数据对接，从源头规避项目风险，保障各方主体安全，实现参建筑工人的全流程信用监控管理。

4. 建筑港制定劳务数字管理标准

从数字劳务管理角度而言，建筑港已经编制了建筑产业劳务管理内容比较全面的"八个标准"，形成了高质量的建筑行业劳务用工标准服务体系。一是劳务项目管理标准；二是建筑工人个人档案标准；三是劳务班组管理标准；四是劳务班组和个人星级评价标准；五是劳务工友专业培训标准；六是劳务工友工资支付流程标准；七劳务工友安全保障标准；八是项目劳务应急协同标准。

例如，结合工程总承包企业、专业分包企业、住房和城乡建设主管部门的管理要求和多年的工程管理经验，建筑港在深圳建筑劳务协会和住建部门的协助下，建立了建筑劳务用工的务工标准、培训标准、评价标准的体系。其中，工人评价标准的建立，为建筑工人量化了职业等级，将有助于劳务工人向产业工人的职业转变，提高了社会对建筑工人的尊重程度。务工标准包含了作业标准和地域施工标准；培训标准包含了岗前培训、作业培训、安全培训、质量把关培训；评价标准包含了项目评价、项目履历和技能等级。

5. 建筑港与政府主管部门开展合作

建筑港与政府部门的合作主要是购买服务方式。从以往的工程实践来看，这种做法有利于促进规范用工、实现区域产值和树立管理标杆、形成示范效应。具体体现为：第一，地方政府辖区内的工程建设项目，通过使用建筑港数字劳务管理系统，搭建了项目与政府之间的线上沟通桥梁，借助系统内置的标准，规范了用工行为。第二，工程总承包企业与分包企业之间合理的劳务结算，不仅有助于客观确认双方的经营产值，而且推动了劳务结算的合规化。第三，在国家强化数据管理的背景下，地方政府推动建筑劳务用工的数字化管理，实现了用工管理方式上的升级与跨越，树立起区域性的数字劳务管理标杆。

建筑港数字劳务管理系统不但满足了政府部门的监管要求，同时符合建筑企业的利益和发展需求。无论是从社会价值、经济价值或政治价值的角度考虑，建筑劳务用工管理的数字化转型道路已经到了必须要走的时候。目前，建筑港正在与更多的地方政府建设主管部门开展互利合作，不断探讨新型的、高效能的合作模式。

6. 建筑港围绕"数字住建"的响应计划

党的二十大报告中指出，"加快发展数字经济，促进数字经济和实体经济深度融合"。新一代信息技术与传统建筑产业结合，形成数字化生产力和数字住房城乡建设经济，是我国现代化经济体系发展的重要内容。住房和城乡建设部倪虹部长在住房城乡建设工作会议上提出要深化"数字住建"建设，正是这一背景下推动建筑业高质量的具体要求。

建筑港将按照"数字住建"顶层设计的总体部署，着力开展以下工作：一是深入学习和贯彻党的二十大报告中关于发展数字经济的重要论述，把握精神实质，找准数字技术与建筑劳务管理融合发展方向。二是进一步改进和优化建筑港数字劳务管理平台的技术架构，扩展使用功能。三是加强对政府主管部门、建筑企业、劳务分包企业、建筑工人的服务，彻底消除建筑劳务管理领域的难点和痛点。四是加强建筑港专业人才队伍建设，用高素质、高技能人才打造高品质的建筑港品牌，以此推动建筑业高质量发展。

5.3.3 建筑劳务作业云平台案例

鲁班工匠建筑施工数字化劳务作业管理云平台是企业工程项目生产作业的大数据中心，通过平台快速打造自己专属的建筑劳务供应链生态资源系统，旨在帮助企业搭建一套全过程的信息化劳务管理体系。将企业"三层"（决策层、项目层、作业层）"三务"（商务、劳务、财务），多层级各岗位重复交叉审批的施工生产动态管理过程搬上云端，效率提升80%。

针对跨地区多项目频繁流动的劳务队伍及工人，采用线上分派任务，远程组织调配。工人在到达现场前就已明确自己的作业任务以及隶属单位和班组，实现人未进工地，信息已到现场，大幅降低现场劳务管理人员重复性录入工人实名认证信息的工作强度。

根据劳务实名制管理要求，工人在手机上自主实名认证，并可通过微信实名打卡考勤与现场闸机端数据信息同步管理。专利发明人脸动态二维码打卡进场，天黑及上班高峰不排队。

工程项目施工过程中，各节点部位质量、安全的检查验收等数据信息在云端存档，随时调取查看记录凭证，有效避免结算纠纷，并可对施工队伍及班组工人进行评价和白名单管理。

按照《保障农民工工资支付条例》规定要求，按月进行已完成工作量的审核确认。工资发放表本人可在手机上人脸确认签字，真实、便捷、防纠纷。用工方审核后实时存档建账，系统自动与工程进度报量金额及打卡考勤数据进行复核比对，避免超发超付风险。

工资发放表及工人银行卡号自动生成，避免人工填报失误。工人在平台可自主开通银行账户发放工资，也可导出"三表合一"的工资发放表，由上级单位代发工资。通过平台实现足不出户便可自主打印带银行印章的代发工资流水单，方便存档建账，以应对政府部门检查。

工程项目大数据指挥中心能切实指导施工生产，无需任何下载，输入手机号便可在电脑端登录，全国各地工程项目施工进度、人员进场实时动态一目了然，数据中心为生产管理提供多维度数据信息，彰显企业应用互联网信息化的科技实力。

集团或公司总部经分支机构同意后，可了解分支机构工程项目及劳务队伍现场动态信息，依托电脑端和大屏幕实时统计汇总分析，发挥平台大数据优势，通过内部协调，共享闲置劳务资源，快速解决一线生产需求。

通过企业私有云劳务管理平台，构建企业总部、分公司、项目部及班组相互依存的无缝柔性链接，既保持相互独立的灵活性，又能充分整合资源，提升效率、降低成本，彻底避免纠纷。在确保利润增长的同时，有效规避企业及个人面临的各项法律风险。

5.3.4　建筑劳务数字班组管理案例

数字班组App是由中国建筑业协会中小企业和供应链分会、中国电科·湖南电科智程科技发展有限公司、湖南天班班之家信息科技有限公司联合打造的全国建筑劳务班组信息化、数字化云服务平台，该平台可以为施工劳务作业班组长免费建立档案，为劳务分包单包快速对接找人找活，为建筑企业自有班组提供档案管理及诚信评价，为劳务班组长提供培训、交流、学习、证书查询等全方位服务功能。

1. 平台服务介绍

（1）档案部分

1）个人档案（包含：管理员、特殊作业人员、突击工/灵活工）

档案内容：姓名、年龄、工作年限、学历、电话号码、身份证号码、住址、资质资格证书、求职岗位、薪资要求、工作经历、用人方评价、找工作、工作推荐，平台会根据用人单位发布的信息，匹配推荐，邀请推广。

2）班组档案

档案内容：①班组长：班组长姓名、年龄、从事专业、工作年限、学历、电话号码、身份证号码、住址、资质资格证书、项目信息发布。②班组信息：服务地区、人数规模、工人来源地、找班组、班组特长、图片资料保存、班组长证书查询、劳务施工业绩、联盟班组身份、劳务合作单位、用工方评价和投诉。

3）联盟班组档案

档案内容：联盟负责人、联盟参与人、联盟班组名称。

班组信息：（同上述班组信息）

4）企业档案

档案内容：工商信息、资质、安全生产许可证、荣誉证书扫描、在建项目信息、近三年主要业绩、主营专业、劳务合作单位、招班组、招个人、自有班组、找项目（劳务企业和专业作业企业）。

5）建筑工人产业园区档案

档案内容：基本信息、园区政策。

6）服务商信息

信息内容：模板供应、施工设备、脚手架材料、辅材供应、工具用具、机具、工商、税务、法务等。

（2）视频中心

政策咨询、管理学习、在线培训、新工艺案例、机械化作业、产品宣传、邀请推广、服务商。

（3）招工用工

个人档案、找工作、平台工作推荐、个人报名记录。

2．未来发展

（1）按项目班组合伙人制度运营实体项目。

（2）与中联重科新材料公司合作推广干混砂浆机械化施工。

（3）抖音直播带货：工具用具，安全防护，辅材，新机具等与劳务工作相关的产品。

（4）与劳务领域相关培训机构合作开展在线培训。

（5）免费为政府机构建设农民工及班组档案信息系统。

（6）携手资本方拓展劳务班组金融服务。

（7）为用工企业使用班组开设订单服务。

（8）条件成熟时成立建筑劳务产业扶贫助学机构。

3．合伙人制度

（1）合伙人基本条件

有足够的建筑劳务资源，愿意共同开发建筑劳务信息领域的专业人士、企业家和专家。

（2）合伙人的区域布局

1）省级合伙人：每个省份（直辖市、计划单列市）为独立运营的区域，设两级运营团队，省级合伙人暂定 3～5 人，开发本区域资源，并负责管理本区域范围内的城市合伙人，协助总部对接独立合伙人。

2）城市合伙人：一般情况下一个地级市区域设一位城市合伙人，隶属省级合伙人团队管理，人员由省级合伙人团队决定。

3）独立合伙人：负责开发独立专业板块或者跨省区域企业和机构，以合作企业总部区域为主营区，分支机构业务涉及的区域由合伙人自行决定开发。

（3）合伙人收益回报

收入来源于会员年费、信息服务费、企业班组档案管理费、表格文档下载费、视频观看及下载费、广告宣传费等。省级合伙人（含城市合伙人）按省级区域有效收益享受50%，城市合伙人由省级合伙人自行商定，独立合伙人按独立板块有效收益享受50%。总营业收入分配前提留10%作为公益金，用于建筑业家庭扶贫助学及建筑职业培训等公益支出。所有收入分成最终以各自板块或区域业绩经平台财务核算为准。

4．操作提示

识别二维码→继续访问→点击右上方…→打开"浏览器"→下载数字班组App→注册→登录

网址导航：www.bzjszbz.com

微信公众号：班之家数字班组

5.3.5 劳务全过程数智化管理模式案例

1. 公司简介

一智科技（成都）有限公司（以下简称公司）成立于 2019 年，是一家深耕建筑领域数字化的高新技术企业，现有员工 300 余人，核心团队由建筑领域资深专家及国内外头部科技企业优秀人才组成。公司已通过国家高新技术企业认定，自主研发取得国家发明专利 26 项，其他各类知识产权百余项。公司专注于建筑施工领域数智化创新应用与服务，为解决建筑业呼声最强烈、矛盾最突出的劳务管理提供开创性解决方案。

2. "安心筑"系统研发思路

公司基于对建筑行业的深度研究解析，运用互联网、大数据、区块链、物联网、AI 等技术，围绕"任务→考勤→验收→评价记工→发薪"核心业务链，将建筑施工复杂场景、流程进行结构化、标准化、数智化，用精准数据倒逼施工业务规范化，解决工程进度、质量、成本、安全以及薪资支付等方面的痛点、难点，倾力打造"安心筑"数智施工管理系统，彻底颠覆传统落后的建筑施工管理方式，首创工程建设全过程全链路数智化管理模式，实现施工作业数据化、企业管理规范化、政企监管智慧化，"安心筑"的研发目标是传统建筑产业培育和发展新质生产力的最佳实践。

3. "安心筑"系统的两大功能

公司利用互联网新技术新应用对建筑业传统劳务管理进行全方位、全角度、全链条的改造，经过 5 年实践，实现了数智化技术在保障农民工权益、治理机制完善、职业体系建设、信用体系建设的可行性和有效性。

（1）"数字施工"：实现工程建设全过程全链路数字化管理

以劳动用工管理为切入点，搭建建筑施工的数字化管理体系，将线下真实场景还原到线上，基于"任务→考勤→验收→评价记工→发薪"核心业务链，对施工过程和各方主体履约履职行为进行穿透记录和存证确权，保证业务流和数据流的精准合一，堵住弄虚作假的漏洞，厘清长期困扰建筑业的"糊涂账"，为工人工资"一单一结"、按月支付提供准确依据，实现施工过程有记录、验收评价有基础、主体责任可追溯、施工质量可溯源、薪资发放有依据、监管执法有支撑。为建筑工人建立了数字履历，为工程项目建立了数字施工档案，为实现有信用保障的用工管理和真正意义的项目全生命周期管理奠定了数据基础。

（2）"数字监管"：构建数据驱动的智慧监管体系

协助行业管理部门建设涵盖薪资监管、风险预警、信访调处、隐患排查、行业征信、数据驱动等 6 大功能板块的监管系统，搭建监管端、企业端、银行端互联互通的协同管理体系，将施工过程关联的实名制管理、施工任务管理和专户发薪管理融合贯通，打破信息孤岛，消除监管盲区，用闭环数据堵住了行业内弄虚作假的漏洞，解决"日常监管无抓手、发薪逾期无预警、责任判定无依据"三大监管难题，为根治欠薪顽疾提供数智化的系统性解决方案，保障工人及时足额领到工资，消除工人讨薪难、维权难的困境。

4. "安心筑"系统的推广价值

目前，公司正在积极配合成都高新区推动辖区内所有工程建设项目纳入数字化监管体系，旨在打造彻底解决行业顽疾、促进建筑业数字化转型、培育建筑业新质生产力的全国样板。据统计，纳入智慧监管并应用"安心筑"系统的工程项目整体发薪率超过97%，施工任务一次性验收合格率达95%。成都高新区农民工权益中心数据显示，纳入智慧监管的项目投诉登记率不足1件，仅为辖区其他项目的10%，真正保障了工人按时足额领薪。

2024年8月23日，成都市住房和城乡建设局、人力资源和社会保障局和城市运行和政务服务管理办公室联合组织召开"成都市建设领域农民工工资支付保障暨工程建设全过程全链路数字化监管交流会"，龙泉驿区、温江区、天府新区、东部新区正在积极推进试点应用。2024年以来，全国多地区行业主管部门和企业来蓉考察学习，其中江苏、广东等地区已经启动试点。"安心筑"正在迈向多地区推广应用的快速发展阶段。

附录 建筑劳务管理复习思考题

一、单选题

1. 负责保障农民工工资支付工作的组织协调、管理指导和农民工工资支付情况的监督检查，查处有关拖欠农民工工资案件的部门是国务院（   ）。

A. 人力资源社会保障行政部门　　B. 住房城乡建设部门

C. 乡镇人民政府　　　　　　　　D. 发展改革部门

答案：A。解析：参见《保障农民工工资支付条例》（国务院令第724号）。

2. 对于举报、投诉的处理实行（   ），属于本部门受理的，应当依法及时处理；不属于本部门受理的，应当及时转送相关部门，相关部门应当依法及时处理，并将处理结果告知举报、投诉人。

A. 市场主体负责　　　　　　　　B. 专人负责制

C. 首问负责制　　　　　　　　　D. 责任单位负责

答案：C。解析：参见《保障农民工工资支付条例》（国务院令第724号）。

3. 农民工工资应当以（   ）形式，通过（   ）支付给农民工本人。

A. 货币；现金或者有价证券　　　B. 货币；银行转账或者现金

C. 现金；有价证券或者货币　　　D. 现金；银行转账或者货币

答案：B。解析：参见《保障农民工工资支付条例》（国务院令第724号）。

4.（   ）应当按照有关规定开设农民工工资专用账户，专项用于支付该工程建设项目农民工工资。开设、使用农民工工资专用账户有关资料应当由（   ）妥善保存备查。

A. 施工总承包单位；施工总承包单位

B. 建设单位；施工总承包单位

C. 施工总承包单位；建设单位

D. 建设单位；建设单位

答案：A。解析：参见《保障农民工工资支付条例》（国务院令第724号）。

5. 工程完工且未拖欠农民工工资的，施工总承包单位公示（　　）后，可以申请注销农民工工资专用账户，账户内余额归施工总承包单位所有。

A. 15 日　　　　　B. 30 日　　　　　C. 45 日　　　　　D. 60 日

答案：B。 解析：参见《保障农民工工资支付条例》（国务院令第 724 号）。

6. 施工总承包单位、分包单位应当建立用工管理台账，并保存至工程完工且工资全部结清后至少（　　）。

A. 1 年　　　　　B. 2 年　　　　　C. 3 年　　　　　D. 5 年

答案：C。 解析：参见《保障农民工工资支付条例》（国务院令第 724 号）。

7. （　　）对所招用农民工的实名制管理和工资支付负直接责任。（　　）对分包单位劳动用工和工资发放等情况进行监督。

A. 分包单位；建设单位　　　　　B. 分包单位；施工总承包单位

C. 施工总承包单位；建设单位　　　D. 建设单位；施工总承包单位

答案：B。 解析：参见《保障农民工工资支付条例》（国务院令第 724 号）。

8. 工程建设领域推行分包单位农民工工资委托（　　）代发制度。分包单位应当（　　）考核农民工工作量并编制工资支付表。

A. 建设单位；按月　　　　　B. 施工总承包单位；按月

C. 建设单位；按季度　　　　D. 施工总承包单位；按季度

答案：B。 解析：参见《保障农民工工资支付条例》（国务院令第 724 号）。

9. 工程建设项目违反国土空间规划、工程建设等法律法规，导致拖欠农民工工资的，由（　　）清偿。

A. 建设单位　　　　　　　　　B. 用工单位

C. 施工单位　　　　　　　　　D. 施工总承包单位

答案：A。 解析：参见《保障农民工工资支付条例》（国务院令第 724 号）。

10. 工资保证金的存储比例、存储形式、减免措施等具体办法，由（　　）会同有关部门制定。

A. 工程建设主管部门　　　　　B. 国务院人力资源社会保障行政部门

C. 财政部门　　　　　　　　　D. 银保监会

答案：B。 解析：参见《保障农民工工资支付条例》（国务院令第 724 号）。

11. 政府投资项目所需资金，应当按照国家有关规定落实到位，不得由（　　）垫资建设。

A. 建设单位　　　B. 投资单位　　　C. 施工单位　　　D. 分包单位

答案：C。 解析：参见《保障农民工工资支付条例》（国务院令第 724 号）。

12. 分包单位未按月考核农民工工作量、编制工资支付表并经农民工本人签字确认的，由国务院人力资源社会保障行政部门、相关行业工程建设主管部门按照职责责令限期改正；逾期不改正的，处（　　　）的罚款。

A. 1万元以上3万元以下　　　　B. 2万元以上5万元以下

C. 5万元以上10万元以下　　　　D. 10万元以上

答案：C。解析：参见《保障农民工工资支付条例》（国务院令第724号）。

13. 建设单位应与建筑企业约定，按照工程进度将建筑工人工资按时足额付至（　　　）在银行开设的工资专用账户。

A. 建筑单位　　B. 施工单位　　C. 监理单位　　D. 分包单位

答案：A。解析：参见《建筑工人实名制管理办法》（建市〔2019〕18号）。

14. （　　　）对所招用农民工的实名制管理和工资支付负直接责任。

A. 建设单位　　B. 施工单位　　C. 监理单位　　D. 分包单位

答案：D。解析：参见《保障农民工工资支付条例》（国务院令第724号），条例第三十条。

15. 已录入全国建筑工人管理服务信息平台的建筑工人，（　　　）无数据更新的，再次从事建筑作业时，建筑企业应对其重新进行安全培训。

A. 6个月　　　　　　　　　　B. 1年以上（含1年）

C. 2年　　　　　　　　　　　D. 3年

答案：B。解析：参见《住房和城乡建设部、人力资源和社会保障部关于印发建筑工人实名制管理办法（试行）的通知》（建市〔2019〕18号）。

16. 在劳务管理过程中，相关的电子考勤和图像、影像等电子档案保存期限不少于（　　　）。

A. 6个月　　　B. 1年　　　C. 2年　　　D. 3年

答案：C。解析：参见《住房和城乡建设部、人力资源和社会保障部关于印发建筑工人实名制管理办法（试行）的通知》（建市〔2019〕18号）。

17. （　　　）负责组织实施全国建筑工人管理服务信息平台的规划、建设和管理，制定全国建筑工人管理服务信息平台数据标准。

A. 建设单位

B. 施工单位

C. 住房和城乡建设部、人力资源社会保障部

D. 总承包单位

答案：C。解析：参见《住房和城乡建设部、人力资源和社会保障部关于印发

建筑工人实名制管理办法（试行）的通知》（建市〔2019〕18 号）。

18. 在施工单位、设计单位、监理单位、分包单位中，（　　）的管理人员及建筑工人可以不纳入建筑工人实名制管理范畴。

A. 施工单位　　　B. 设计单位　　　　C. 监理单位　　　D. 分包单位

答案：B。解析：参见《住房和城乡建设部、人力资源和社会保障部关于印发建筑工人实名制管理办法（试行）的通知》（建市〔2019〕18 号）。

19. 建筑工人实名制管理按（　　）要求，将采集的建筑工人信息及时上传相关部门。

A. 公司 / 分公司　B. 建设单位　　　　C. 项目所在地　　D. 施工单位

答案：C。解析：参见《住房和城乡建设部、人力资源和社会保障部关于印发建筑工人实名制管理办法（试行）的通知》（建市〔2019〕18 号）。

20. 全面落实企业对招用农民工的工资支付责任，督促各类企业严格依法将工资按月足额支付给（　　）。

A. 施工单位　　　B. 民工本人　　　C. 班组　　　　D. 分包单位

答案：B。解析：参见《住房和城乡建设部、人力资源和社会保障部关于印发建筑工人实名制管理办法（试行）的通知》（建市〔2019〕18 号）。

21. 通过农民工工资专用账户按日足额将工资直接发放给建筑工人，并按规定在施工现场显著位置设置"（　　）"，公开相关信息。

A. 管理人员名单及监督电话牌

B. 建筑工人维权告示牌

C. 监督举报电话牌

D. 文明施工和环境保护牌

答案：B。解析：参见《住房和城乡建设部、人力资源和社会保障部关于印发建筑工人实名制管理办法（试行）的通知》（建市〔2019〕18 号）。

22. 建筑工人实名制是指对建筑企业所招用建筑工人的从业、培训、技能和权益保障等以（　　）认证方式进行综合管理的制度。

A. 基本信息　　　　　　　　B. 真实身份信息

C. 企业信息　　　　　　　　D. 一般信息

答案：B。解析：参见《住房和城乡建设部、人力资源和社会保障部关于印发建筑工人实名制管理办法（试行）的通知》（建市〔2019〕18 号）。

23.《建筑工人实名制管理办法（试行）》于（　　）起施行。

A. 2019 年 12 月 1 日　　　　　　B. 2019 年 9 月 1 日

C. 2019 年 6 月 1 日　　　　　　　D. 2019 年 3 月 1 日

答案：D。解析：参见《住房和城乡建设部、人力资源和社会保障部关于印发建筑工人实名制管理办法（试行）的通知》（建市〔2019〕18 号）。

24. 新时代牢固树立新发展理念，坚持以（　　）为中心的发展思想。

A. 经济　　　　　B. 人民　　　　C. 改革开放　　　D. 改革供给侧

答案：B。解析：参见《住房和城乡建设部关于加快培育新时代建筑产业工人队伍的指导意见》（建市〔2020〕105 号）。

25. 强化（　　）主体作用，发挥设计、生产、施工等资源优势，大力推行现代学徒制和企业新型学徒制。

A. 企业技能培训　　　　　　　B. 校企合作培训

C. 建筑工人培训基地　　　　　D. 产业园区

答案：A。解析：参见《住房和城乡建设部关于加快培育新时代建筑产业工人队伍的指导意见》（建市〔2020〕105 号）。

26. 加快培育新时代建筑产业工人应以（　　）为指导。

A. 毛泽东思想　　　　　　　　B. 邓小平理论

C. 三个代表　　　　　　　　　D. 习近平新时代中国特色社会主义思想

答案：D。解析：参见《住房和城乡建设部关于加快培育新时代建筑产业工人队伍的指导意见》（建市〔2020〕105 号）。

27. 民工生活区，临时消防车道宜为环形，设置环形车道确有困难时，应在消防车道尽端设置尺寸不小于（　　）的回车场。

A. 8m×8m　　　B. 10m×10m　　　C. 12m×12m　　　D. 15m×15m

答案：C。解析：参见《建设工程施工现场消防安全技术规范》GB 50720—2011。

28. （　　）是我国产业工人的重要组成部分，是建筑业发展的基础，为经济发展、城镇化建设作出重大贡献。

A. 农民工　　　　　　　　　　B. 建筑技能工

C. 建筑产业工人　　　　　　　D. 建筑农民工

答案：C。解析：参见《住房和城乡建设部关于加快培育新时代建筑产业工人队伍的指导意见》（建市〔2020〕105 号）。

29. 关于建筑施工劳务资质改革，以下描述正确的是（　　）。

A. 提高准入门槛　　　　　　　B. 大幅降低准入门槛

C. 保持原有准入门槛　　　　　D. 降低准入门槛

答案：B。解析：参见《住房和城乡建设部关于加快培育新时代建筑产业工人队伍的指导意见》（建市〔2020〕105号）。

30. 鼓励有一定组织、管理能力的劳务企业通过（　　）等向总承包和专业承包企业转型。

A．加强施工组织管理　　　　　　B．引进人才、设备

C．投、融资手段　　　　　　　　D．培训管理人员、技术人员

答案：B。解析：参见《住房和城乡建设部关于加快培育新时代建筑产业工人队伍的指导意见》（建市〔2020〕105号）。

31. 鼓励大中型劳务企业充分利用自身优势（　　），为小微专业作业企业与施工企业提供信息交流渠道。

A．建立建筑劳务培训基地

B．建设建筑工人培育基地

C．建立建筑工人服务园

D．搭建劳务用工信息服务平台

答案：D。解析：参见《住房和城乡建设部关于加快培育新时代建筑产业工人队伍的指导意见》（建市〔2020〕105号）。

32. 引导小微型劳务企业向（　　）转型发展，进一步做专做精。

A．劳务企业　　　　　　　　　　B．专业作业企业

C．专业班组　　　　　　　　　　D．个人独资企业

答案：B。解析：参见《住房和城乡建设部关于加快培育新时代建筑产业工人队伍的指导意见》（建市〔2020〕105号）。

33. 引导和支持大型建筑企业与建筑工人输出地区建立合作关系，建设新时代建筑工人（　　），建立以建筑工人培育基地为依托的相对稳定的建筑工人队伍。

A．输出基地　　　B．培训基地　　　C．培育基地　　　D．实训基地

答案：C。解析：参见《住房和城乡建设部关于加快培育新时代建筑产业工人队伍的指导意见》（建市〔2020〕105号）。

34. 建立建筑工人培育基地的主要目的是（　　）。

A．提高建筑企业的利润　　　　　B．促进建筑工人的职业发展

C．减少建筑工人的失业率　　　　D．加强建筑企业的市场竞争力

答案：B。解析：参见《住房和城乡建设部关于加快培育新时代建筑产业工人队伍的指导意见》（建市〔2020〕105号）。

35. 鼓励和引导现有（　　）或有一定技能和经验的建筑工人成立以作业为

主的企业，自主选择 1 ~ 2 个专业作业工种。

 A．班组长 B．包工头 C．劳务班组 D．高技能工人

答案：C。解析：参见《住房和城乡建设部关于加快培育新时代建筑产业工人队伍的指导意见》（建市〔2020〕105 号）。

36．鼓励有条件的地区建立（ ），依托"双创基地"、创业孵化基地，为符合条件的专业作业企业落实创业相关扶持政策，提供创业服务。

 A．建筑工人服务园   B．建筑劳务产业园

 C．建筑劳务输出基地   D．建筑工人培育基地

答案：A。解析：参见《住房和城乡建设部关于加快培育新时代建筑产业工人队伍的指导意见》（建市〔2020〕105 号）。

37．项目发包和评优评先时，在同等条件下优先选择（ ）占比大的企业或项目。

 A．鲁班奖获奖   B．高技能人才

 C．自有建筑工人   D．技术能手

答案：C。解析：参见《住房和城乡建设部关于加快培育新时代建筑产业工人队伍的指导意见》（建市〔2020〕105 号）。

38．鼓励建筑企业通过（ ）等方式，建立相对稳定的核心技术工人队伍。

 A．加强建筑工人岗前培训

 B．招聘建筑工人

 C．吸纳高技能技术工人和职业院校毕业生

 D．建立建筑工人管理服务平台

答案：C。解析：参见《住房和城乡建设部关于加快培育新时代建筑产业工人队伍的指导意见》（建市〔2020〕105 号）。

39．通过技术升级推动建筑工人从传统建造方式向（ ）方式转变。

 A．智能建造 B．装配式建筑 C．绿色建造 D．新型建造

答案：D。解析：参见《住房和城乡建设部关于加快培育新时代建筑产业工人队伍的指导意见》（建市〔2020〕105 号）。

40．强化企业技能培训主体作用，大力推进现代学徒制和企业（ ）。

 A．新型学徒制 B．师代徒制 C．学徒期制 D．岗前培训制

答案：A。解析：参见《住房和城乡建设部关于加快培育新时代建筑产业工人队伍的指导意见》（建市〔2020〕105 号）。

41．现代学徒制和企业新型学徒制的推行，主要目的是解决（ ）。

A．提高企业利润

B．加强校企合作

C．建筑工人理论与实操脱节的问题

D．扩大企业规模

答案：C。解析：参见《住房和城乡建设部关于加快培育新时代建筑产业工人队伍的指导意见》（建市〔2020〕105 号）。

42．推行终身职业技能培训制度，除加强建筑工人岗前培训外，还应加强（　　　）。

A．理论培训　　　　　　　　B．继续教育

C．技能提升培训　　　　　　D．实操训练

答案：C。解析：参见《住房和城乡建设部关于加快培育新时代建筑产业工人队伍的指导意见》（建市〔2020〕105 号）。

43．关于实训基地建设，以下说法正确的是（　　　）。

A．实训基地建设不需要政府资金投入

B．公共实训基地只能在技能劳动者供需缺口较大的地区建设

C．支持企业和院校共建产教融合实训基地

D．实训基地只适合岗前培训

答案：C。解析：参见《住房和城乡建设部关于加快培育新时代建筑产业工人队伍的指导意见》（建市〔2020〕105 号）。

44．智能建造相关培训的主要目的是（　　　）。

A．提高传统建筑技能　　　　B．培养装配式建筑工人

C．增加高技能人才供给　　　D．减少建筑工人数量

答案：C。解析：参见《住房和城乡建设部关于加快培育新时代建筑产业工人队伍的指导意见》（建市〔2020〕105 号）。

45．建立技能导向的激励机制的主要目的是（　　　）。

A．鼓励建筑工人取得技能等级证书

B．提高建筑工人的技能水平

C．减少施工现场的安全事故

D．增加建筑工人收入

答案：B。解析：参见《住房和城乡建设部关于加快培育新时代建筑产业工人队伍的指导意见》（建市〔2020〕105 号）。

46．各地要根据项目施工特点制定施工现场技能工人基本配备标准，明确施

工现场各职业（工种）（　　　）的配备比例要求。

　　A．技能工人人员数量　　　　　　B．技能工人与专业技术人员

　　C．技能工人技能等级　　　　　　D．特种作业人员

　　答案：C。解析：参见《住房和城乡建设部关于加快培育新时代建筑产业工人队伍的指导意见》（建市〔2020〕105号）。

　　47．制定施工现场技能工人基本配备标准，对使用高技能等级工人多的项目，可适当（　　　）配备比例要求。

　　A．保持　　　　　B．降低　　　　　C．提高　　　　　D．取消

　　答案：B。解析：参见《住房和城乡建设部关于加快培育新时代建筑产业工人队伍的指导意见》（建市〔2020〕105号）。

　　48．引导建筑企业将薪酬与建筑工人（　　　）挂钩，完善激励措施，实现技高者多得、多劳者多得。

　　A．工作时间　　　B．技能等级　　　C．职业资格　　　D．技能水平

　　答案：B。解析：参见《住房和城乡建设部关于加快培育新时代建筑产业工人队伍的指导意见》（建市〔2020〕105号）。

　　49．建立完善建筑职业（工种）（　　　）信息发布机制，为建筑企业合理确定建筑工人薪酬提供信息指引。

　　A．人工价格市场化　　　　　　　　B．人工成本

　　C．定额人工单价　　　　　　　　　D．人工工日价格

　　答案：A。解析：参见《住房和城乡建设部关于加快培育新时代建筑产业工人队伍的指导意见》（建市〔2020〕105号）。

　　50．施工现场技能工人基本配备标准达标情况应纳入（　　　）。

　　A．施工现场安全评价体系　　　　　B．工程质量评价体系

　　C．建筑企业资质评价体系　　　　　D．相关诚信评价体系

　　答案：D。解析：参见《住房和城乡建设部关于加快培育新时代建筑产业工人队伍的指导意见》（建市〔2020〕105号）。

　　51．建筑职业（工种）人工价格市场化信息发布机制的主要目的是（　　　）。

　　A．提高建筑工人收入

　　B．为建筑企业合理确定建筑工人薪酬提供信息指引

　　C．确定人工费用

　　D．提高建筑企业的生产效率

　　答案：B。解析：参见《住房和城乡建设部关于加快培育新时代建筑产业工人

队伍的指导意见》(建市〔2020〕105号)。

52. 关于全国建筑工人管理服务信息平台,以下描述正确的是 (　　　)。

A. 该平台主要用于记录建筑工人的工作时间

B. 该平台仅涵盖物联网技术

C. 该平台能够实现建筑工人的实名制管理

D. 该平台不提供培训记录与考核评价信息管理功能

答案:C。解析:参见《住房和城乡建设部关于加快培育新时代建筑产业工人队伍的指导意见》(建市〔2020〕105号)。

53. (　　　),才能加强各系统平台间的数据对接互认,实现全国数据互联共享。

A. 制定统一数据标准　　　　　　B. 通过信息技术

C. 运用物联网　　　　　　　　　D. 通过硬件设施设备

答案:A。解析:参见《住房和城乡建设部关于加快培育新时代建筑产业工人队伍的指导意见》(建市〔2020〕105号)。

54. 加强数据分析运用,将建筑工人管理数据与日常监管相结合,建立 (　　　)。

A. 信息安全机制　　　　　　　　B. 预警机制

C. 系统数据对接机制　　　　　　D. 数据分析共享机制

答案:B。解析:参见《住房和城乡建设部关于加快培育新时代建筑产业工人队伍的指导意见》(建市〔2020〕105号)。

55. 用人单位对符合建立劳动关系情形的建筑工人应依法签订 (　　　)。

A. 劳务合同　　　　　　　　　　B. 劳动合同

C. 用工书面协议　　　　　　　　D. 劳务派遣合同

答案:B。解析:参见《住房和城乡建设部关于加快培育新时代建筑产业工人队伍的指导意见》(建市〔2020〕105号)。

56. 对不能按用人单位参加工伤保险的建筑工人,由 (　　　) 负责按项目参加工伤保险,确保工伤保险覆盖施工现场所有建筑工人。

A. 建设单位　　　　　　　　　　B. 专业承包企业

C. 施工总承包企业　　　　　　　D. 劳务分包单位

答案:C。解析:参见《住房和城乡建设部关于加快培育新时代建筑产业工人队伍的指导意见》(建市〔2020〕105号)。

57. 全面推行文明施工,保证施工现场整洁、规范、有序,逐步提高

（　　　）。

A. 环境标准　　　　　　　　B. 职业安全和健康标准

C. 生活标准　　　　　　　　D. 施工标准

答案：A。解析：参见《住房和城乡建设部关于加快培育新时代建筑产业工人队伍的指导意见》（建市〔2020〕105号）。

58. 制定推广适合建筑业（　　　）的简易劳动合同示范文本。

A. 劳动用工　　B. 劳务派遣　　　C. 用工特点　　　D. 项目管理

答案：C。解析：参见《住房和城乡建设部关于加快培育新时代建筑产业工人队伍的指导意见》（建市〔2020〕105号）。

59. 对不能按用人单位参加工伤保险的建筑工人，应由施工总承包企业负责按（　　　）参加工伤保险。

A. 项目　　　　　　　　　　B. 总承包单位

C. 人身意外伤害保险　　　　D. 安全责任险

答案：A。解析：参见《住房和城乡建设部关于加快培育新时代建筑产业工人队伍的指导意见》（建市〔2020〕105号）。

60. 用人单位应依法为建筑工人缴纳社会保险，鼓励用人单位为建筑工人建立（　　　）。

A. 职业年金　　B. 企业年金　　　C. 补充年金　　　D. 公积金

答案：B。解析：参见《住房和城乡建设部关于加快培育新时代建筑产业工人队伍的指导意见》（建市〔2020〕105号）。

61. 各地要依法依规及时为符合条件的建筑工人办理（　　　），保障建筑工人享有城市基本公共服务。

A. 居住证　　B. 身份证　　　C. 城市户口　　　D. 工作证

答案：A。解析：参见《住房和城乡建设部关于加快培育新时代建筑产业工人队伍的指导意见》（建市〔2020〕105号）。

62. 充分发挥工会组织作用，着力加强源头（劳务输出地）建会、（　　　）和用工方建会，提升建筑工人入会率。

A. 建设方建会　　　　　　　B. 专业作业企业建会

C. 劳务班组建会　　　　　　D. 工程项目部

答案：B。解析：参见《住房和城乡建设部关于加快培育新时代建筑产业工人队伍的指导意见》（建市〔2020〕105号）。

63. 为加快劳务品牌发展提升，提高技能含量，应鼓励有条件的院校围绕

"( )"等民生紧缺领域开办相关专业。

A. 社保　　　　B. 就业　　　　C. 一老一小　　　D. 教育

答案：C。解析：参见《人力资源和社会保障部、国家发展改革委等20部门关于劳务品牌建设的指导意见》（人社部发〔2021〕66号）。

64. 为加快劳务品牌发展提升，扩大就业规模，应多形式开展劳务品牌从业人员就业推荐活动，加强（ ）对接，促进精准供需匹配。

A. 用工信息　　B. 用工数量　　C. 用工成本　　D. 用工范围

答案：A。解析：参见《人力资源和社会保障部、国家发展改革委等20部门关于劳务品牌建设的指导意见》（人社部发〔2021〕66号）。

65. 为加快劳务品牌发展提升，扩大就业规模，需加强劳务协作，采取区域间（ ）、企业直接吸纳等方式，建立健全劳务品牌长期稳定劳务输出渠道。

A. 反向输出　　B. 定向输出　　C. 持续输出　　　D. 不间断输出

答案：B。解析：参见《人力资源和社会保障部、国家发展改革委等20部门关于劳务品牌建设的指导意见》（人社部发〔2021〕66号）。

66. 为加快劳务品牌发展提升，增强品牌信誉，应鼓励社会团体制定劳务品牌（ ）和评价标准，开展劳务品牌诚信评价，支持行业协会、商会建立行业内劳务品牌信用承诺制度。

A. 利润　　　　B. 数量　　　　C. 质量　　　　　D. 信誉

答案：C。解析：参见《人力资源和社会保障部、国家发展改革委等20部门关于劳务品牌建设的指导意见》（人社部发〔2021〕66号）。

67. 为加速劳务品牌壮大升级，培育龙头企业，应引导劳务品牌龙头企业"( )"发展，推动技术、人才、数据等要素资源集聚，鼓励符合条件的劳务品牌龙头企业上市融资、发行债券。

A. 勇于创新　　B. 务求实效　　C. 争创一流　　　D. 专精特新

答案：D。解析：参见《人力资源和社会保障部、国家发展改革委等20部门关于劳务品牌建设的指导意见》（人社部发〔2021〕66号）。

68. 2035年，力争实现在建项目施工现场中级工占技能工人比例达到（ ）。

A. 30%　　　　B. 10%　　　　C. 20%　　　　　D. 40%

答案：A。解析：参见《住房和城乡建设部办公厅关于开展施工现场技能工人配备标准制定工作的通知》（建市〔2021〕29号）。

69. 2035年，力争实现在建项目施工现场中高级工及以上等级技能工人占技能工人比例达到（　　　）。

A. 10%　　　　　B. 20%　　　　　C. 30%　　　　　D. 25%

答案：A。解析：参见《住房和城乡建设部办公厅关于开展施工现场技能工人配备标准制定工作的通知》（建市〔2021〕29 号）。

70. 充分发挥企业技能培训（　　　），推动实现技能培训与（　　　）相互促进，鼓励企业和行业协会积极举办各类技能竞赛，以赛促练、以赛促训。

A. 主体作用；实际管理　　　　　B. 主体作用；现场施工

C. 主要作用；现场施工　　　　　D. 主要作用；实际管理

答案：B。解析：参见《住房和城乡建设部办公厅关于开展施工现场技能工人配备标准制定工作的通知》（建市〔2021〕29 号）。

71. 加强市场、现场两场联动，建筑市场监管部门会同工程质量安全监管部门等制定检查手册，将配备标准达标情况作为在建项目建筑市场及工程质量安全检查的内容之一，动态开展（　　　）和随机检查，不满足要求的要限期整改。

A. 定期巡查　　B. 日常检查　　　C. 日常巡查　　　D. 定期检查

答案：C。解析：参见《住房和城乡建设部办公厅关于开展施工现场技能工人配备标准制定工作的通知》（建市〔2021〕29 号）。

72. 加强监督检查，不满足施工现场技能工人配备标准要求的限期整改，建立定期（　　　），对未满足配备标准要求的（　　　）进行公示。

A. 通报机制，建筑企业　　　　　B. 考核机制，建筑企业

C. 通报机制，在建项目　　　　　D. 考核机制，在建项目

答案：C。解析：参见《住房和城乡建设部办公厅关于开展施工现场技能工人配备标准制定工作的通知》（建市〔2021〕29 号）。

73. 技能工人包括一般技术工人和（　　　）。

A. 建筑施工特种作业人员　　　　B. 建筑施工特殊工种人员

C. 职业技能等级人员　　　　　　D. 高技能人才

答案：A。解析：参见《住房和城乡建设部办公厅关于开展施工现场技能工人配备标准制定工作的通知》（建市〔2021〕29 号）。

74. 根据本地区工程建设管理和建筑工人技能实际水平情况，科学合理制定标准，按照工作目标及项目（　　　）、规模和实施阶段，制定相应的配备标准，明确施工现场技能工人占工人总数比例及不同工种、技能等级工人配备比例要求。

A. 性质　　　　B. 类型　　　　　C. 特性　　　　　D. 标准

答案：B。解析：参见《住房和城乡建设部办公厅关于开展施工现场技能工人

配备标准制定工作的通知》（建市〔2021〕29号）。

75. 加快培育新时代建筑产业工人队伍，要建立技能导向的激励机制，各地要根据项目施工特点制定施工现场技能工人基本配备标准。引导企业不断提高建筑工人技能水平，对使用高级技能等级工人多的项目，应（　　）配备比例的要求。

A．适当提高　　B．适当降低　　C．维持不变　　D．大量提高

答案：B。解析：参见《住房和城乡建设部等部门关于加快培育新时代建筑产业工人队伍的指导意见》（建市〔2020〕105号）。

76. 在制定本项目人员配备标准时，应明确不同等级工人之间相应的代换计算方法，高等级技能工人可按一定比例（　　）低等级技能工人。

A．代替　　　　B．代换　　　　C．取缔　　　　D．取消

答案：B。解析：参见《住房和城乡建设部办公厅关于开展施工现场技能工人配备标准制定工作的通知》（建市〔2021〕29号）。

77. 推动企业发布建筑工人市场化价格等信息，引导建筑企业合理确定建筑工人薪酬标准，并将薪酬待遇与建筑工人（　　）以及用工评价挂钩。

A．劳动年限　　B．技能类型　　C．技能等级　　D．工种经验

答案：C。解析：参见《住房和城乡建设部办公厅关于开展施工现场技能工人配备标准制定工作的通知》（建市〔2021〕29号）。

78. 生活区应采用可循环、可拆卸、标准化的专用金属定型材料进行围挡，围挡高度不得低于（　　）米。

A．2.0　　　　B．1.6　　　　C．1.8　　　　D．2.2

答案：C。解析：参见表3-5-1　建筑工人施工现场生活环境基本配置指南。

79. 生活区内临建房屋之间的防火间距不小于（　　）米。

A．5　　　　　B．3　　　　　C．6　　　　　D．4

答案：D。解析：参见表3-5-1　建筑工人施工现场生活环境基本配置指南。

80. 施工区域禁止吸烟，应根据工程实际设置固定的（　　）式吸烟处，吸烟处配备足够消防器材。

A．集中　　　　B．封闭　　　　C．敞开　　　　D．分散

答案：C。解析：参见表3-5-1　建筑工人施工现场生活环境基本配置指南。

81. 工人生活区文体活动室，且应配备电视机、多媒体播放设施，并设书报、杂志等必要的文体活动用品，文体活动室不小于（　　）平方米。

A. 30   B. 40   C. 35   D. 25

答案：C。解析：参见表 3-5-1 建筑工人施工现场生活环境基本配置指南。

82. 凡工作场所噪声超（ ）分贝时，员工应该佩戴合格的耳塞进行工作。

A. 85   B. 75   C. 70   D. 65

答案：A。解析：参见《中华人民共和国职业病防治法》《工作场所职业卫生管理规定》。

83. 施工企业要加强施工现场作业环境管理，推进安全生产（ ），完善作业环境安全、设施等设置，确保符合安全生产条件。

A. 规范化 B. 标准化 C. 统一化 D. 细致化

答案：B。解析：参见表 3-5-3 建筑工人施工现场作业环境基本配置指南。

84. 《安全生产法》规定，生产经营单位必须为从业人员提供符合国家标准或者行业标准的（ ），并监督、教育从业人员照章执行。

A. 劳动防护用品   B. 劳动工具

C. 劳动报酬   D. 安全培训

答案：A。解析：参见《安全生产法》。

85. 施工现场应按照工人数量比例设置热水器等设施，保证施工期间饮用开水供应。高层建筑施工现场超过（ ）层后，每隔（ ）层宜设置临时开水点。

A. 9；3   B. 6；3   C. 5；5   D. 8；4

答案：D。解析：参见表 3-5-3 建筑工人施工现场作业环境基本配置指南。

86. 施工现场应设置水冲式或移动式厕所。高层建筑施工现场超过（ ）层后，每隔（ ）层宜设置临时厕所。

A. 9；3   B. 6；3   C. 8；4   D. 5；5

答案：C。解析：参见表 3-5-3 建筑工人施工现场作业环境基本配置指南。

87. 卸料平台上的脚手板必须铺严绑牢，两侧设（ ）米防护栏杆,( )厘米高的挡脚板，并用密目安全网封闭。

A. 1.2；20 B. 1.2；18 C. 1；20 D. 1；18

答案：B。解析：参见表 3-5-3 建筑工人施工现场作业环境基本配置指南。

88. 高处作业使用的铁凳、木凳应牢固，两凳间需搭设脚手板的，间距不大于（ ）米。

A. 3   B. 2   C. 2.5   D. 4

答案：B。解析：参见表 3-5-3 建筑工人施工现场作业环境基本配置指南。

89. 电梯井内首层和首层以上每隔（　　　）层设一道水平安全网，安全网封闭严密。

A. 3　　　　　　B. 4　　　　　　C. 5　　　　　　D. 2

答案：B。解析：参见表 3-5-3　建筑工人施工现场作业环境基本配置指南。

90. 在施工期间，在出入口处必须搭设防护板棚，棚的长度为（　　　）米，宽带大于出入口，材料用钢管搭设，侧面用密目安全网全封闭，顶面用架板满铺一层。

A. 5　　　　　　B. 4　　　　　　C. 6　　　　　　D. 3

答案：A。解析：参见表 3-5-3　建筑工人施工现场作业环境基本配置指南。

91. 工人生活区宿舍室内高度不低于 2.5 米，通道宽度不小于 0.9 米，人均使用面积不小于 2.5 平方米，每间宿舍居住人员不超过（　　　）人。

A. 8　　　　　　B. 6　　　　　　C. 10　　　　　　D. 4

答案：A。解析：参见表 3-5-3　建筑工人施工现场作业环境基本配置指南。

92. 劳务作业分包负责做好实名制管理工作，汇总申报施工现场建筑工人的身份信息、劳动考勤、（　　　）等信息。

A. 工资支付　　B. 工资发放　　C. 工资结算　　D. 工资清算

答案：C。解析：参见《建筑劳务管理标准》T/CCIAT 0015—2020。

93. 建筑企业应在项目经理部设立专柜妥善保存工资支付书面记录等资料，资料需保存至工程完工且工资全部结清后至少（　　　）。

A. 1 年　　　　B. 2 年　　　　C. 3 年　　　　D. 5 年

答案：C。解析：参见《建筑劳务管理标准》T/CCIAT 0015—2020。

94. 依据《建筑劳务管理标准》T/CCIAT 0015—2020，建筑工人离开施工现场应办理（　　　）手续。

A. 请假　　　　B. 离场　　　　C. 退场　　　　D. 清场

答案：B。解析：参见《建筑劳务管理标准》T/CCIAT 0015—2020。

95. 劳务作业分包企业根据法律法规和工程所在地的要求，为建筑工人办理（　　　）。

A. 工伤保险　　B. 社会保险　　C. 意外伤害保险　D. 失业保险

答案：B。解析：参见《建筑劳务管理标准》T/CCIAT 0015—2020。

96. 依据《建筑劳务管理标准》T/CCIAT 0015—2020，建筑企业应建立建筑工人培训考核等级与（　　　）挂钩制度。

A. 基本工资　　　B. 绩效工资　　　C. 加班工资　　　D. 结算工资

答案：A。解析：参见《建筑劳务管理标准》T/CCIAT 0015—2020。

97. 建筑企业与建筑工人或管理人员签订劳动合同形成（　　）关系。

A. 雇佣　　　　　B. 聘用　　　　　C. 劳派　　　　　D. 劳动

答案：B。解析：参见《建筑劳务管理标准》T/CCIAT 0015—2020。

98. 建筑企业对建筑工人的培训每年不少于（　　），其培训情况记入个人工作档案。

A. 一次　　　　　B. 二次　　　　　C. 三次　　　　　D. 四次

答案：A。解析：参见《建筑劳务管理标准》T/CCIAT 0015—2020。

99. 劳务作业分包企业应按发包方招标文件的规定签订劳务分包合同，发包人直接发包劳务作业的，应当在建筑工人进入（　　）订立劳务分包合同。应当采用书面形式订立劳务分包合同，由双方企业法定代表人或授权委托人签字并加盖（　　）。

A. 施工现场后；企业公章　　　　B. 施工现场前；企业公章

C. 施工现场前；项目部章　　　　D. 施工现场后；项目部章

答案：B。解析：参见《建筑劳务管理标准》T/CCIAT 0015—2020。

100. 在建立劳务管理制度体系中，建筑企业应制定（　　）制度。

A. 劳务用工管理　　　　　　　　B. 劳动用工管理

C. 工资纠纷应急预案　　　　　　D. 生活区管理

答案：A。解析：参见《建筑劳务管理标准》T/CCIAT 0015—2020。

101. 在建立劳务管理制度体系中，劳务作业分包企业应制定（　　）制度。

A. 建筑工人维权管理　　　　　　B. 维权管理

C. 现场劳务管理　　　　　　　　D. 劳务纠纷应急预案

答案：B。解析：参见《建筑劳务管理标准》T/CCIAT 0015—2020。

102. 建筑企业应验证进场分包企业的营业执照、资质证书、安全生产许可证、（　　）、分包合同等资料。

A. 企业业绩　　　　　　　　　　B. 管理人员岗位证书

C. 管理人员社保证明　　　　　　D. 中标通知书

答案：D。解析：参见《建筑劳务管理标准》T/CCIAT 0015—2020。

103. 劳务作业分包企业应维护工程项目生产区、（　　）环境整洁，并配合建筑企业进行项目能源消耗统计。

A．办公区　　　B．休闲区　　　C．娱乐区　　　D．生活区

答案：D。解析：参见《建筑劳务管理标准》T/CCIAT 0015—2020。

104．建筑企业和劳务作业分包企业应成立（　　　），在施工现场公布联系方式和联系人。发生劳务纠纷时，应由主管负责人和主管部门接洽处理，不得推诿。

A．劳动纠纷主管部门　　　　　　B．劳务纠纷主管部门

C．劳务纠纷部门　　　　　　　　D．劳动纠纷部门

答案：B。解析：参见《建筑劳务管理标准》T/CCIAT 0015—2020。

105．施工现场劳务纠纷和劳动纠纷由承担总承包责任的建筑企业负总责，各纠纷涉事主体负（　　　）。

A．第一责任　　B．次要责任　　C．直接责任　　D．间接责任

答案：C。解析：参见《建筑劳务管理标准》T/CCIAT 0015—2020。

106．建筑企业应按照实名制管理要求验证进场建筑工人，劳务分包企业应提交进场劳务作业工人花名册、身份证、劳动用工合同和岗位技能等级证书等资料原件，复印件留存备案至工程完工后（　　　）年。

A．1　　　　　B．2　　　　　C．3　　　　　D．4

答案：C。解析：参见《建筑劳务管理标准》T/CCIAT 0015—2020。

107．下列关于劳务员岗位职责的说法中，不正确的是（　　　）。

A．审核劳务分包队伍进场等相关协议的签订情况

B．监督或建立建筑工人个人考勤表和工资台账

C．参与施工图会审和施工方案审查

D．汇总、整理、移交劳务作业分包企业和建筑工人管理资料

答案：C

108．职业资格证书是反映劳动者具备某种职业所需要的专业知识和技能的证明，根据特定职业的实际工作内容、特点、标准和规范等规定的技能水平确定等级，其等级分为（　　　）。

A．初级工、中级工、高级工、技工和高级技工

B．初级工、中级工、高级工、技师和高级技师

C．初级工、中级工、高级工

D．初级工、中级工、高级工、高级技师

答案：B

109．劳务企业管理过程包括（　　　）。

A. 启动过程、策划过程、实施过程、监控过程、收尾过程

B. 启动过程、组织过程、实施过程、监控过程、收尾过程

C. 策划过程、组织过程、实施过程、监控过程、收尾过程

D. 启动过程、策划过程、组织过程、实施过程、监控过程

答案：A

110. 为了规范农民工工资支付行为，保障（　　），根据《中华人民共和国劳动法》及有关法律规定，制定《保障农民工工资支付条例》。

A. 弘扬劳模精神和工匠精神大力弘扬

B. 知识型、技能型、创新型劳动者大军建设落实

C. 工程建设安全生产

D. 农民工按时足额获得工资

答案：D

111. 根据住房和城乡建设部等12部门印发《关于加快培育新时代建筑产业工人队伍的指导意见》（建市〔2020〕105号），加快培育新时代建筑产业工人队伍的主线是（　　）。

A. 推进建筑业供给侧结构性改革

B. 以夯实建筑产业基础能力

C. 构建社会化专业化分工协作的建筑工人队伍

D. 深化"放管服"改革

答案：A

112. 根据住房和城乡建设部等12部门印发《关于加快培育新时代建筑产业工人队伍的指导意见》（建市〔2020〕105号），健全保障薪酬支付的长效机制就是要贯彻落实《保障农民工工资支付条例》，工程建设领域（　　）对农民工工资支付工作负总责，落实工程建设领域农民工工资专用账户管理、实名制管理、工资保证金等制度。

A. 监理单位   B. 劳务分包单位

C. 施工总承包单位   D. 勘察设计单位

答案：C

113. 加快培育新时代建筑产业工人队伍，需要引导现有劳务企业转型。应当鼓励大中型劳务企业充分利用自身优势（　　），为小微专业作业企业与施工企业（　　），引导小微型劳务企业（　　）。

A. 搭建劳务用工信息服务平台；提供信息交流渠道；向专业作业企业转型发展

B．搭建信息交流渠道；提供劳务用工信息服务平台；向专业作业企业转型发展

C．搭建劳务用工信息服务平台；向专业作业企业转型发展；搭建信息交流渠道

D．向专业作业企业转型发展；搭建劳务用工信息服务平台；搭建信息交流渠道

答案：A

114．根据《关于加快培育新时代建筑产业工人队伍的指导意见》（建市〔2020〕105 号），到 2025 年，符合建筑行业特点的用工方式基本建立，建筑工人实现公司化、专业化管理，建筑工人权益保障机制基本完善；建筑工人终身职业技能培训、考核评价体系基本健全，中级工以上建筑工人达（　　）万人以上。

A．500　　　　　　B．1000　　　　　　C．1500　　　　　　D．2000

答案：B

115．根据《保障农民工工资支付条例》，（　　）对本行政区域内保障农民工工资支付工作负责，建立保障农民工工资支付工作协调机制，加强监管能力建设，健全保障农民工工资支付工作目标责任制。

A．社区居委会　　　　　　　B．乡镇人民政府

C．县级以上人民政府　　　　D．街道办事处

答案：C

116．（　　）负责保障农民工工资支付工作的组织协调、管理指导和农民工工资支付情况的监督检查，查处有关拖欠农民工工资案件。

A．人力资源和社会保障行政部门　B．住房和城乡建设部门

C．交通运输部门　　　　　　　　D．水利部门

答案：A

117．用人单位应当按照工资支付周期编制书面工资支付台账，并至少保存（　　）年。

A．2　　　　　　B．3　　　　　　C．4　　　　　　D．5

答案：B

118．农民工与用人单位就拖欠工资存在争议，（　　）应当提供依法由其保存的劳动合同、职工名册、工资支付台账和清单等材料。

A．农民工　B．监理单位　C．当地人社局　D．用人单位

答案：D

119．各地住房和城乡建设主管部门要统筹房屋市政工程建设领域行业特点和农民工个体差异等因素，针对建筑施工多为重体力劳动、对人员健康条件和身体状况要求较高等特点，强化岗位指引，引导建筑企业逐步建立（　　）。

A. 建筑工人用工无序流动管理制度

B. 施工现场维权信息公示制度

C. 施工现场安全管理制度

D. 建筑工人用工分类管理制度

答案：D

120. 各地住房和城乡建设主管部门要依法加强行业监管，严厉打击转包挂靠等违法违规行为，持续规范建筑市场秩序。联合人力资源和社会保障等部门用好工程建设领域工资专用账户、（　　）、维权信息公示等政策措施，保证农民工工资支付，维护建筑工人合法权益。

A. 投标保证金　　　　　　　　B. 履约保证金

C. 农民工工资保证金　　　　　D. 工程质量保证金

答案：C

121. 伤亡事故按照事故严重程度可以分为（　　）。

A. 轻伤事故、重伤事故、死亡事故

B. 物体打击、爆炸、其他伤害

C. 触电、火灾、容器爆炸、其他伤害

D. 冒顶片帮、透水、锅炉爆炸、其他爆炸

答案：A

122.（　　）是在正常的施工（生产）技术组织条件下，为完成一定量的合格产品或完成一定量的工作所必需的劳动消耗量的标准，或预先规定在单位时间内合格产品的生产数量。

A. 劳动定额　　　　　　　　　B. 机械台班使用定额

C. 材料消耗定额　　　　　　　D. 工序定额

答案：A

123. 劳动定额的表现形式分为（　　）。

A. 时间定额和材料消耗定额

B. 时间定额和产量定额

C. 产量定额和材料消耗定额

D. 材料消耗定额和机械台班使用定额

答案：B

124. 下列关于施工过程的说法中，正确的是（　　）。

A. 按施工过程的完成方法分类，分为工序、工作工程和综合工作过程

B. 从施工组织的角度看，工序是组成施工过程的基本单元

C. 工序是组织上分不开和技术上相同的施工过程

D. 工人在工作过程中为恢复体力所必需的休息时间，应列在损失时间中进行计算

答案：C

125. 劳动力需求计划的编制要符合工程项目（　　　）和整体进度要求。

A. 施工图审查批准书及施工图审查报告

B. 施工合同

C. 技术交底记录

D. 施工组织设计

答案：D

126. 根据劳动力的劳动效率，可以计算出劳动力投入的总工时，劳动力投入总工时计算公式为（　　　）。

A. 工程量 × 工时消耗量

B. 工程量 / 单位工程量

C. 工程量 × 单位工程量 / 工时消耗量

D. 工程量 × 工时消耗量 / 单位工程量

答案：D

127. 下列关于劳动合同适用期限的说法中，不正确的是（　　　）。

A. 劳动合同期限三个月以上不满一年，试用期不得超过一个月

B. 劳动合同期限不满三个月的，试用期不得超过一个月

C. 以完成一定工作任务为期限的劳动合同，不得约定试用期

D. 劳动合同仅约定试用期的，试用期不成立，该期限视为劳动合同期限

答案：B

128. 下列关于劳动合同的条款中，不属于必备条款的是（　　　）。

A. 劳动合同期限　　　　　　　B. 工作内容和工作时间

C. 违反劳动合同的责任　　　　D. 劳动报酬和保险、福利待遇

答案：C

129. 用人单位与劳动者可以在劳动合同中约定保守用人单位的商业秘密和知识产权相关的保密事项。竞业限制期限，不得超过（　　　）。

A. 半年　　　　　B. 一年　　　　　C. 二年　　　　　D. 三年

答案：C

130. 下列关于用人单位与劳动者协商约定专业技术培训的规定的说法中，不正确的是（　　）。

A. 用人单位为劳动者提供专业培训费用，对其进行专业技术培训的，可以与劳动者订立协议，约定服务期

B. 劳动者违反服务期约定的，应当按照约定向用人单位支付违约金

C. 用人单位与劳动者约定了服务期，用人单位过错导致解除合同的，用人单位不得要求劳动者支付违约金

D. 培训费用包括用人单位为了对劳动者进行专业技术培训而支付的有凭证的培训费用和因培训产生的用于该劳动者的其他直接费用，不包括培训期间的差旅费用

答案：D

131. 下列关于解除劳动合同的情形中，不属于劳动者随时通知用人单位解除合同的有（　　）。

A. 在试用期内

B. 在劳动合同期限内

C. 用人单位以暴力、威胁或者非法限制人身自由的手段强迫劳动

D. 用人单位未按照劳动合同约定支付劳动报酬或者提供劳动条件

答案：B

132. 劳动合同审查，是指（　　）审查、证明劳动合同真实性、合法性的一项行政监督措施。

A. 住房和城乡建设部门　　　　　　B. 司法部门

C. 劳动行政主管部门　　　　　　　D. 民政部门

答案：C

133. 下列关于劳动合同的内容中，不属于劳动合同鉴定所审查的内容的是（　　）。

A. 双方当事人的签订资格　　　　　B. 双方的责任、权利、义务是否明确

C. 合同内容是否符合行业规范　　　D. 中外合同文本是否一致

答案：C

134. 申请劳动合同鉴证的当事人，应当向鉴证机关提供材料，下列材料中，非必要提供的是（　　）。

A. 劳动合同及其副本　　　　　　　B. 营业执照或副本

C. 被招用工人的学历证明　　　　　D. 被招用工人的财产证明

答案：D

135. 我国劳动合同管理体制由行政管理、社会管理和用人单位内部管理构成。（　　）作为劳动合同的主管机关对劳动合同进行综合和统一管理，在劳动合同管理体制中处于最重要地位。

A. 劳动行政主管部门　　　　　　B. 劳动就业服务机构

C. 工会　　　　　　　　　　　　D. 企业协会

答案：A

136. 根据劳动合同法，用人单位自用工之日起满（　　）不与劳动者订立书面劳动合同的，视为用人单位与劳动者已订立无固定期限劳动合同。

A. 一年　　　　B. 半年　　　　C. 三个月　　　　D. 一个月

答案：A

137. 下列关于劳动合同订立的说法中，不会导致劳动合同无效的是（　　）。

A. 以欺诈手段，使对方在违背真实意思的情况下订立或者变更劳动合同的

B. 违反行业非强制性规定订立劳动合同的

C. 用人单位免除自己的法定责任、排除劳动者权利的

D. 有关劳动报酬和劳动条件等标准低于集体合同的

答案：B

138. 在劳动合同履行过程中，双方发生争议的，当事人一方可以直接向（　　）申请解决。

A. 本单位劳动争议调解委员会　　B. 本单位工会

C. 劳动争议仲裁委员会　　　　　D. 人民法院

答案：C

139. 建筑业企业施工劳务资质由审批制改为备案制，由企业注册地设区的（　　）住房和城乡建设主管部门负责办理备案手续。

A. 省　　　　　　B. 市　　　　　　C. 县　　　　　　D. 镇

答案：B

140. 劳务工人上岗作业前必须先进行三级安全教育并考试合格。其中三级安全教育不应包括（　　）。

A. 政府　　　　B. 公司　　　　C. 项目部　　　　D. 班组

答案：A

141. 下列各项中，不属于劳务分包投标文件条款内容的是（　　）。

A. 劳务费的结算与支付　　　　B. 报价明细表

C. 投标授权书　　　　　　　　D. 公司资质材料

答案：A

142. 人工费用拨付周期不得超过（　　　）个月。

A. 1　　　　　　B. 3　　　　　　C. 6　　　　　　D. 12

答案：A

143. 关于保障农民工工资支付相关规定的说法，错误的是（　　　）。

A. 分包单位对所招用农民工的实名制管理和工资支付负直接责任

B. 总包单位应当在工程施工合同签订之日起 30 日内开设农民工工资专用账户

C. 施工总承包单位不可以申请注销农民工工资专用账户

D. 农民工工资专用账户专项用于支付为该工程建设项目农民工工资

答案：C

144. 关于劳务费的支付管理说法，错误的是（　　　）。

A. 支付劳务人工费时，可以向分包企业法人以及具有法定代表人书面委托书的委托代理人支付

B. 提前解除分包合同时，应该按照已完工程量结算劳务费

C. 违规分包需要承担拖欠劳务费连带责任

D. 支付工程款时，应把劳务费列为第一支付顺序

答案：B

145. 建设单位按照工程进度将建筑工人工资按时足额付至（　　　）在银行开设的工资专用账户。

A. 建筑企业　　　B. 劳务工人　　　C. 建设单位　　　D. 用人单位

答案：A

146. 总承包方劳务员根据劳务分包单位提供的劳务人员信息资料，不具备（　　　）条件的不得使用，总承包商不允许其进入施工现场。

A. 身份证、劳务合同和岗位技能证书

B. 身份证、居住证和岗位技能证书

C. 身份证、居住证和健康证

D. 身份证、劳务合同和健康证

答案：A

147. 实名制考勤管理中相关电子考勤和图像、影像等电子档案保存期限不少

于（　　　）。

    A. 半年　　　　　B. 1年　　　　　C. 2年　　　　　D. 3年

答案：C

148. 关于实名制管理要求的说法，错误的是（　　　）。

    A. 已登记的建筑工人，1年以上无数据更新的，再次从事建筑作业时，建筑企业应对其重新进行基本安全培训，记录相关信息，否则不得进入施工现场上岗作业

    B. 建筑企业与农民工先签订劳动合同或用工书面协议后进场施工

    C. 建筑企业应对招用的建筑工人进行基本安全培训

    D. 进入施工现场的建设单位、承包单位、监理单位的项目管理人员及建筑工人均纳入建筑工人实名制管理范畴

答案：A

149. 在农民工权益受损问题中，最引人注目和最普遍的问题是（　　　）。

    A. 拖欠工资　　　　　　　　　B. 违法分包

    C. 分包合同条款不清　　　　　D. 企业资质问题

答案：A

150. 下列情形中，不属于因合同当事人主观原因造成的合同订立时就存在的潜在纠纷的是（　　　）。

    A. 选择不适当的合同形式　　　B. 合同条款不明确

    C. 合同中没有规定违约责任　　D. 任何一方终止合同

答案：D

151. 关于劳务纠纷调解的基本原则说法，错误的是（　　　）。

    A. 合法原则　　　　　　　　　B. 公平原则

    C. 及时处理原则　　　　　　　D. 以诉讼为主原则

答案：D

152. 社会保险是为丧失劳动能力、暂时失去劳动岗位或因健康原因造成损失的人口提供收入或补偿的一种社会和经济制度，那么关于社会保险的基本特征说法，错误的是（　　　）。

    A. 社会性　　　B. 强制性　　　C. 暂时性　　　D. 福利性

答案：C

153. 关于基本社会保险个人账户的说法，错误的是（　　　）。

    A. 工龄或缴纳年限是享受基本养老保险待遇的必要条件

    B. 个人账户养老金余额可以全部继承

C. 劳动者只有退出劳动领域，才能享受基本养老保险待遇

D. 个人账户储蓄的资金不能够提前支取

答案：C

154. 城镇职工基本医疗保险个人账户的注入资金来自个人缴费和单位缴费，其中个人缴费一般是以本人工资收入的（　　）划入个人账户。

A. 1%　　　　　B. 2%　　　　　C. 3%　　　　　D. 5%

答案：B

155. 无论工伤的责任是归于用人单位还是职工个人或者第三者，用人单位均应承担保险责任。这说明了工伤保险（　　）。

A. 待遇相当丰厚　　　　　　　　B. 责任具有赔偿性

C. 实行无过错责任原则　　　　　D. 投保人为用人单位

答案：C

156. 关于社会保险费征收的说法，错误的是（　　）。

A. 社会保险费的缴费单位必须按月向社会保险经办机构申报应缴纳的社会保险费数额

B. 缴费单位未按规定申报应缴纳的社会保险费数额的，可以暂时按照该单位上月缴费数额的 1.1 倍确定应缴数额

C. 社会保险费缴纳单位和缴费个人应当以货币形式全额缴纳社会保险费

D. 逾期未缴纳，需要缴纳滞纳金，且滞纳金不并入社会保险基金

答案：D

157. 劳动者认为社会保险经办机构的具体行政行为侵犯其合法权益，可以自知道该具体行政行为之日起（　　）日内向劳动保障行政部门申请行政复议。

A. 60　　　　　B. 70　　　　　C. 90　　　　　D. 180

答案：A

158. 一般而言，劳务管理的过程从（　　）开始。

A. 签订劳务分包合同　　　　　　B. 确定劳务作业队伍

C. 劳务分包招标　　　　　　　　D. 实名验证劳务人员资格

答案：C

159. 劳务用工需求预测应以（　　）为依据。

A. 时间定额　　B. 劳动定额　　C. 预算定额　　　D. 材料定额

答案：B

160. （　　）对培训工作至关重要，同时是真正有效地实现培训的前提条件，

是使培训工作准确、及时和有效完成的重要保证。

A. 需求分析　　　B. 目标分析　　　C. 过程分析　　　D. 绩效分析

答案：A

161. 从培训的难易程度来看，（　　　）的培训更为困难。

A. 知识　　　　　B. 技能　　　　　C. 态度　　　　　D. 方法

答案：C

二、多选题

1. 保障农民工工资支付，应当坚持市场主体负责、政府依法监管、社会协同监督，按照（　　　）的要求，依法根治拖欠农民工工资问题。

A. 源头治理　　　B. 预防为主　　　C. 防治结合　　　D. 标本兼治

答案：ABCD。解析：参见《保障农民工工资支付条例》（国务院令第 724 号）。

2. 用人单位实行农民工劳动用工实名制管理，与招用的农民工书面约定或者通过依法制定的规章制度规定工资（　　　）等内容。

A. 支付标准　　　B. 支付时间　　　C. 支付方式　　　D. 支付周期

答案：ABC。解析：参见《保障农民工工资支付条例》（国务院令第 724 号）。

3. 被拖欠工资的农民工有权采取的措施包括（　　　）。

A. 依法投诉　　　　　　　　　　B. 提起诉讼

C. 上访　　　　　　　　　　　　D. 申请劳动争议调解仲裁

答案：ABD。解析：参见《保障农民工工资支付条例》（国务院令第 724 号）。

4. 用人单位与农民工书面约定或者依法制定的规章制度规定的具体支付日期，可以在农民工提供劳动的（　　　）。

A. 当期　　　　　B. 次期　　　　　C. 前期　　　　　D. 后期

答案：AB。解析：参见《保障农民工工资支付条例》（国务院令第 724 号）。

5. 用工单位使用（　　　）派遣的农民工，拖欠农民工工资的，由用工单位清偿，并可以依法进行追偿。

A. 个人　　　　　　　　　　　　B. 班组

C. 不具备合法经营资格的单位　　D. 未依法取得劳务派遣许可证的单位

答案：ACD。解析：参见《保障农民工工资支付条例》（国务院令第 724 号）。

6. 用人单位合并或者分立时，应当在实施（　　　）依法清偿拖欠的农民工工资。

A. 合并前　　　B. 合并后　　　C. 分立前　　　D. 分立后

答案：AC。解析：参见《保障农民工工资支付条例》（国务院令第 724 号）。

7.（　　）等用人单位拖欠农民工工资的，应当依法予以清偿；不清偿的，由出资人依法清偿。

A. 合伙企业　　　　　　　　B. 个人独资企业

C. 个体经济组织　　　　　　D. 有限责任公司

答案：ABC。解析：参见《保障农民工工资支付条例》（国务院令第 724 号）。

8. 建设单位与施工总承包单位依法订立书面工程施工合同，应当约定（　　），并按照保障农民工工资按时足额支付的要求约定人工费用。

A. 工程款计量周期　　　　　B. 工程款进度结算办法

C. 人工费用拨付周期　　　　D. 人工费用支付方式

答案：ABC。解析：参见《保障农民工工资支付条例》（国务院令第 724 号）。

9. 施工现场维权信息告示牌的内容应包含（　　）。

A. 建设单位的基本信息　　　B. 监理单位的基本信息

C. 施工总承包单位的基本信息　D. 当地最低工资标准

答案：ACD。解析：参见《保障农民工工资支付条例》（国务院令第 724 号）。

10. 农民工与用人单位就拖欠工资存在争议，用人单位应当提供依法由其保存的（　　）、工资支付台账和清单等材料。

A. 劳动合同　　　　　　　　B. 职工名册

C. 体检报告　　　　　　　　D. 安全教育资料

答案：AB。解析：参见《保障农民工工资支付条例》（国务院令第 724 号）。

11. 有（　　）等情形之一的，由人力资源和社会保障行政部门责令限期改正；逾期不改正的，对单位处 2 万元以上 5 万元以下的罚款，对法定代表人或者主要负责人、直接负责的主管人员和其他直接责任人员处 1 万元以上 3 万元以下的罚款。

A. 以实物、有价证券等形式代替货币支付农民工工资

B. 未编制工资支付台账并依法保存，或者未向农民工提供工资清单

C. 扣押或者变相扣押用于支付农民工工资的银行账户所绑定的农民工本人社会保障卡或者银行卡

D. 施工总承包单位未对分包单位劳动用工实施监督管理

答案：ABC。解析：参见《保障农民工工资支付条例》（国务院令第 724 号）。

12. 施工总承包单位未按规定开设或者使用农民工工资专用账户，责令其限

期改正；情节严重的，给予施工单位（　　　）等处罚。

A. 限制承接新工程　　　　　　B. 降低资质等级

C. 停业整顿　　　　　　　　　D. 吊销资质证书

答案：ABD。解析：参见《保障农民工工资支付条例》（国务院令第 724 号）。

13. 需实行劳动用工实名制管理的单位包括（　　　）。

A. 建设单位　　　　　　　　　B. 施工总承包单位

C. 分包单位　　　　　　　　　D. 劳务班组

答案：BC。解析：参见《保障农民工工资支付条例》（国务院令第 724 号）。

14. 有（　　　）等情形之一的，由人力资源和社会保障行政部门、相关行业工程建设主管部门按照职责责令限期改正；逾期不改正的，责令项目停工，并处 5 万元以上 10 万元以下的罚款。

A. 建设单位未依法提供工程款支付担保

B. 建设单位未按约定及时足额向农民工工资专用账户拨付工程款中的人工费用

C. 建设单位或者施工总承包单位拒不提供或者无法提供工程施工合同、农民工工资专用账户有关资料

D. 不依法配合人力资源和社会保障行政部门查询相关单位金融账户的，且拒不改正的

答案：ABC。解析：参见《保障农民工工资支付条例》（国务院令第 724 号）。

15. （　　　）级以下住房和城乡建设部门、人力资源和社会保障部门负责本行政区域建筑工人实名制管理工作，制定建筑工人实名制管理制度，督促建筑企业在施工现场全面落实建筑工人实名制管理工作的各项要求；负责建立完善本行政区域建筑工人实名制管理平台，确保各项数据的完整、及时、准确，实现与全国建筑工人管理服务信息平台联通、共享。

A. 省级　　　B. 直辖市　　　C. 自治区　　　D. 地级行政区

E. 县级行政区

答案：ABC。解析：参见《住房和城乡建设部、人力资源和社会保障部关于印发建筑工人实名制管理办法（试行）的通知》（建市〔2019〕18 号）。

16. （　　　）企业对所承接工程项目的建筑工人实名制管理负总责。

A. 专业分包　　　　　　　　　B. 劳务分包

C. 施工总承包　　　　　　　　D. 工程总承包

E. 依法与建设单位直接签订合同的专业承包

答案：CDE。解析：参见《住房和城乡建设部、人力资源和社会保障部关于印发建筑工人实名制管理办法（试行）的通知》（建市〔2019〕18号）。

17. （　　）等项目管理人员应承担所承接项目的建筑工人实名制管理相应责任。

A. 质量负责人　　B. 安全负责人　　C. 商务负责人　　D. 财务负责人

E. 劳务负责人

答案：ABE。解析：参见《住房和城乡建设部、人力资源和社会保障部关于印发建筑工人实名制管理办法（试行）的通知》（建市〔2019〕18号）。

18. 建筑工人实名制信息由（　　）组成。

A. 劳动合同签订　B. 诚信评价　　C. 从业记录　　D. 文化程度

E. 毕业证书

答案：ABCD。解析：参见《住房和城乡建设部、人力资源和社会保障部关于印发建筑工人实名制管理办法（试行）的通知》（建市〔2019〕18号）。

19. 实施建筑工人实名制管理所需费用可列入（　　）和（　　）。

A. 预备费　　　　　　　　　　B. 安全文明施工费

C. 办公费　　　　　　　　　　D. 管理费

E. 设备购置费

答案：BD。解析：参见《住房和城乡建设部、人力资源和社会保障部关于印发建筑工人实名制管理办法（试行）的通知》（建市〔2019〕18号）。

20. （　　）负责制定全国建筑工人实名制管理规定，对各地实施建筑工人实名制管理工作进行指导和监督。

A. 省政务服务和资源交易服务中心

B. 住房和城乡建设部

C. 省机关事务管理局

D. 应急管理厅

E. 人力资源和社会保障部

答案：BE。解析：参见《住房和城乡建设部、人力资源和社会保障部关于印发建筑工人实名制管理办法（试行）的通知》（建市〔2019〕18号）。

21. 建筑工人实名制信息中工人的基本信息包括（　　）。

A. 劳动合同签订　　　　　　　B. 工种

C. 从业记录　　　　　　　　　D. 文化程度

E．职称或岗位证书

答案：BDE。解析：参见《住房和城乡建设部、人力资源和社会保障部关于印发建筑工人实名制管理办法（试行）的通知》（建市〔2019〕18号）。

22．到2035年，建筑工人就业高效、流动有序，职业技能培训、考核评价体系完善，建筑工人权益得到有效保障，形成一支秉承（　　　）的知识型、技能型、创新型建筑工人大军。

A．劳模精神　　　B．劳动精神　　　C．工匠精神　　　D．鲁班精神

E．创新精神

答案：ABC。解析：参见《住房和城乡建设部关于加快培育新时代建筑产业工人队伍的指导意见》（建市〔2020〕105号）。

23．贯彻落实《保障农民工工资支付条例》（国务院令第724号），加大法律知识普及，由（　　　）普法。

A．施工总承包单位　　　　　　B．人力资源和社会保障行政部门

C．住房和城乡建设行政部门　　D．分包单位

E．建设单位

答案：BC。解析：参见《保障农民工工资支付条例》（国务院令第724号）。

24．鼓励有条件的企业按照国家规定进行岗前、岗中和离岗时的职业健康检查，并将（　　　）等纳入平等协商内容。

A．劳动安全防护　　　　　　B．劳动条件改善

C．职业危害防护　　　　　　D．意外伤害保险

E．居住环境

答案：ABC。解析：参见《住房和城乡建设部关于加快培育新时代建筑产业工人队伍的指导意见》（建市〔2020〕105号）。

25．对达到一定规模的集中生活区要配套食堂、超市、医疗（　　　）等必要的机构设施，鼓励开展物业化管理。

A．法律咨询　　　　　　B．职工书屋

C．文体活动室　　　　　D．党群活动中心

E．劳务服务大厅

答案：ABC。解析：参见《住房和城乡建设部关于加快培育新时代建筑产业工人队伍的指导意见》（建市〔2020〕105号）。

26．生活区管理需要组织开展的应急演练，除了防汛、消防还有（　　　）。

A．安全保卫　　　　　　B．卫生防疫

C. 防风抗震 　　　　　　　D. 防偷防盗

E. 劳务维稳

答案：ABC。解析： 参见表3-5-1　建筑工人施工现场生活环境基本配置指南。

27. 加大建筑工人劳模选树宣传力度，大力宣传建筑工人队伍中的先进典型，营造（　　）的良好氛围。

A. 劳动最光荣 　　　　　　B. 劳动最崇高

C. 劳动最伟大 　　　　　　D. 劳动最美丽

E. 劳动最荣耀

答案：ABCD。解析： 参见《住房和城乡建设部关于加快培育新时代建筑产业工人队伍的指导意见》（建市〔2020〕105号）。

28. 加快培育新时代建筑产业工人队伍的保障措施有（　　）。

A. 加强组织领导

B. 发挥工会组织和社会组织积极作用

C. 加大政策扶持和财税支持力度

D. 大力弘扬劳模精神、劳动精神和工匠精神

E. 完善职业晋升和激励机制

答案：ABCD。解析： 参见《住房和城乡建设部关于加快培育新时代建筑产业工人队伍的指导意见》（建市〔2020〕105号）。

29. 完善全国建筑工人管理服务信息平台，充分运用（　　）等现代信息技术。

A. 物联网 　　　　　　　　B. 计算机视觉

C. 区块链 　　　　　　　　D. 数据库

E. 智能消息框架

答案：ABC。解析： 参见《住房和城乡建设部关于加快培育新时代建筑产业工人队伍的指导意见》（建市〔2020〕105号）。

30. 到2035年，建筑工人权益得到有效保障，（　　）充分增强。

A. 获得感 　　　　　　　　B. 幸福感

C. 安全感 　　　　　　　　D. 使命感

E. 成就感

答案：ABC。解析： 参见《住房和城乡建设部关于加快培育新时代建筑产业工人队伍的指导意见》（建市〔2020〕105号）。

31. 制约建筑业持续健康发展的因素有（   ）。

A．无序流动性大   B．老龄化现象突出

C．技能素质低   D．权益保障不到位

E．市场秩序不规范

答案：ABCD。解析：参见《住房和城乡建设部关于加快培育新时代建筑产业工人队伍的指导意见》（建市〔2020〕105号）。

32. 引导建筑工人通过合法途径维护自身权益，应加强和加大（   ）力度。

A．法律知识普及   B．法律援助

C．法律法规制定   D．法律咨询

答案：AB。解析：参见《住房和城乡建设部关于加快培育新时代建筑产业工人队伍的指导意见》（建市〔2020〕105号）。

33. 为确保工伤保险覆盖施工现场所有建筑工人，建筑工人可按（   ）参加工伤保险。

A．用工单位   B．用人单位   C．项目   D．分包单位

答案：BC。解析：参见《住房和城乡建设部关于加快培育新时代建筑产业工人队伍的指导意见》（建市〔2020〕105号）。

34. 劳务品牌具有（   ）特色、（   ）特征和（   ）特点。

A．地域   B．行业   C．技能   D．市场

答案：ABC。解析：参见《人力资源和社会保障部、国家发展改革委等20部门关于劳务品牌建设的指导意见》（人社部发〔2021〕66号）。

35. 为达成劳务品牌建设的主要目标，应有（   ）的促进机制和支持体系基本健全。

A．发现培育   B．发展提升   C．稳步提升   D．壮大升级

答案：ABD。解析：参见《人力资源和社会保障部、国家发展改革委等20部门关于劳务品牌建设的指导意见》（人社部发〔2021〕66号）。

36. 完成劳务品牌建设的主要目标，应有（   ）的领军劳务品牌持续涌现。

A．体系完善   B．地域鲜明   C．行业领先   D．技能突出

答案：BCD。解析：参见《人力资源和社会保障部、国家发展改革委等20部门关于劳务品牌建设的指导意见》（人社部发〔2021〕66号）。

37. 劳务品牌（   ）的明显提升，可带动就业创业、助推产业发展效果显著增强。

A．知名度   B．信誉度   C．认可度   D．美誉度

答案：ACD。解析：参见《人力资源和社会保障部、国家发展改革委等 20 部门关于劳务品牌建设的指导意见》（人社部发〔2021〕66 号）。

38. 分类型发现劳务品牌，需广泛开展摸底调查，掌握本地区劳务品牌（　　）等基本情况。

A. 类型　　　　B. 数量　　　　C. 分布　　　　D. 特征

答案：BCD。解析：参见《人力资源和社会保障部、国家发展改革委等 20 部门关于劳务品牌建设的指导意见》（人社部发〔2021〕66 号）。

39. 分类型发现劳务品牌，需针对性制定发展规划和建设方案，明确（　　）、（　　）和（　　）。

A. 建设思路　　B. 建设体系　　C. 发展方向　　D. 工作重点

答案：ACD。解析：参见《人力资源和社会保障部、国家发展改革委等 20 部门关于劳务品牌建设的指导意见》（人社部发〔2021〕66 号）。

40. 分领域培育劳务品牌，需聚焦新一代（　　）等战略性新兴产业，深入挖潜细分行业工种的用工需求，打造中高端技能型劳务品牌。

A. 信息技术　　B. 高端装备制造 C. 新材料　　　D. 生物医药

E. 新能源

答案：ABCDE。解析：参见《人力资源和社会保障部、国家发展改革委等 20 部门关于劳务品牌建设的指导意见》（人社部发〔2021〕66 号）。

41. 分领域培育劳务品牌，需瞄准（　　）等急需紧缺现代服务业，打造高品质服务型劳务品牌。

A. 家政服务　　B. 生活餐饮　　C. 人力资源　　D. 养老服务

E. 商务咨询

答案：ABCDE。解析：参见《人力资源和社会保障部、国家发展改革委等 20 部门关于劳务品牌建设的指导意见》（人社部发〔2021〕66 号）。

42. 分领域培育劳务品牌，需大力开发（　　）等文化和旅游产品及服务，打造文化和旅游类劳务品牌。

A. 非物质文化遗产　　　　　　B. 特色手工艺

C. 特色农产品　　　　　　　　D. 乡村旅游

答案：ABD。解析：参见《人力资源和社会保障部、国家发展改革委等 20 部门关于劳务品牌建设的指导意见》（人社部发〔2021〕66 号）。

43. 建立重点劳务品牌资源库，应广泛动员（　　），为重点劳务品牌建设提供支撑。

A．各类培训机构　　　　　　　　B．就业服务机构

C．创业孵化机构　　　　　　　　D．咨询指导机构

答案：ABCD。解析：参见《人力资源和社会保障部、国家发展改革委等20部门关于劳务品牌建设的指导意见》（人社部发〔2021〕66号）。

44．为加快劳务品牌发展提升，提高技能含量，应鼓励（　　　）开展劳务品牌相关职业技能培训。

A．各类培训机构　　　　　　　　B．职业院校

C．就业服务机构　　　　　　　　D．创业孵化机构

答案：AB。解析：参见《人力资源和社会保障部、国家发展改革委等20部门关于劳务品牌建设的指导意见》（人社部发〔2021〕66号）。

45．为加快劳务品牌发展提升，提高技能含量，应完善劳务品牌相关职业技能（　　　）等多元化评价方式。

A．等级认定　　　　　　　　　　B．专项职业能力考核

C．特种专业　　　　　　　　　　D．内容范围

答案：AB。解析：参见《人力资源和社会保障部、国家发展改革委等20部门关于劳务品牌建设的指导意见》（人社部发〔2021〕66号）。

46．为加快劳务品牌发展提升，提高技能含量，应按规定对经评价合格的从业人员发放相应（　　　）、（　　　）或（　　　）。

A．职业资格证书　　　　　　　　B．特种职业资格证书

C．职业技能等级证书　　　　　　D．专项职业能力证书

答案：ACD。解析：参见《人力资源和社会保障部、国家发展改革委等20部门关于劳务品牌建设的指导意见》（人社部发〔2021〕66号）。

47．为加快劳务品牌发展提升，提高技能含量，应加强劳务品牌技能带头人培养，建设一批（　　　），打造具有一流水准、引领行业发展潮流的劳务品牌高技能人才培养基地。

A．技能大师工作室　　　　　　　B．专家工作室

C．专业技能工作室　　　　　　　D．职业技能工作室

答案：AB。解析：参见《人力资源和社会保障部、国家发展改革委等20部门关于劳务品牌建设的指导意见》（人社部发〔2021〕66号）。

48．为加快劳务品牌发展提升，扩大就业规模，应依托（　　　）等机构，为劳务品牌从业人员提供跟踪服务。

A．劳务工作站　　B．人社局　　　　C．服务站　　　　D．服管中心

答案：AC。解析：参见《人力资源和社会保障部、国家发展改革委等 20 部门关于劳务品牌建设的指导意见》（人社部发〔2021〕66 号）。

49. 为加快劳务品牌发展提升，增强品牌信誉，应鼓励劳务品牌优化品牌（　　　）等要素。

A. 名称　　　　　B. 标识　　　　　C. 数量　　　　　D. 符号

答案：ABD。解析：参见《人力资源和社会保障部、国家发展改革委等 20 部门关于劳务品牌建设的指导意见》（人社部发〔2021〕66 号）。

50. 为加快劳务品牌发展提升，增强品牌信誉，应支持有条件的注册申请商标专利，实现全流程（　　　）办理，引导具有核心竞争力的劳务品牌专利技术向标准化转化。

A. 电子化　　　　B. 精简化　　　　C. 便利化　　　　D. 特殊化

答案：AC。解析：参见《人力资源和社会保障部、国家发展改革委等 20 部门关于劳务品牌建设的指导意见》（人社部发〔2021〕66 号）。

51. 为加快劳务品牌发展提升，增强品牌信誉，应健全（　　　）标准体系和（　　　）体系。

A. 服务管理　　　　　　　　B. 劳务品牌质量

C. 劳务品牌创优　　　　　　D. 诚信评价

答案：BD。解析：参见《人力资源和社会保障部、国家发展改革委等 20 部门关于劳务品牌建设的指导意见》（人社部发〔2021〕66 号）。

52. 为加速劳务品牌壮大升级，支持创新创业，应鼓励劳务品牌从业人员发挥（　　　）等优势开展创新创业。

A. 特长优势　　　B. 技能优势　　　C. 专业所长　　　D. 从业经历

答案：BCD。解析：参见《人力资源和社会保障部、国家发展改革委等 20 部门关于劳务品牌建设的指导意见》（人社部发〔2021〕66 号）。

53. 为加速劳务品牌壮大升级，支持创新创业，应对符合条件的创业者按规定落实（　　　）、（　　　）补贴、（　　　）补贴、（　　　）及贴息等政策。

A. 税费减免　　　B. 创业培训　　　C. 一次性创业　　　D. 创业担保贷款

答案：ABCD。解析：参见《人力资源和社会保障部、国家发展改革委等 20 部门关于劳务品牌建设的指导意见》（人社部发〔2021〕66 号）。

54. 为加速劳务品牌壮大升级，支持创新创业，应依托（　　　）等创业载体。

A. 返乡入乡创业园　　　　　B. 创业孵化基地

C. 农村创新创业孵化实训基地　　　D. 地方创业基地

答案：ABC。解析：参见《人力资源和社会保障部、国家发展改革委等20部门关于劳务品牌建设的指导意见》（人社部发〔2021〕66号）。

55. 为加速劳务品牌壮大升级，培育龙头企业。应发挥（　　　）、（　　　）和（　　　）等优势，培育若干细分行业领域的劳务品牌龙头企业。

A．特色资源　　B．传统技艺　　　C．地域文化　　　D．地方优待政策

答案：ABC。解析：参见《人力资源和社会保障部、国家发展改革委等20部门关于劳务品牌建设的指导意见》（人社部发〔2021〕66号）。

56. 为加速劳务品牌壮大升级，发展产业园区，应推动劳务品牌上下游产业链协同发展，按照产业链环节与资源价值区段相匹配原则开展产业布局，打造（　　　）的劳务品牌特色产业园区。

A．产业集聚　　B．定位鲜明　　　C．配套完善　　　D．功能完备

答案：ABCD。解析：参见《人力资源和社会保障部、国家发展改革委等20部门关于劳务品牌建设的指导意见》（人社部发〔2021〕66号）。

57. 为加速劳务品牌壮大升级，发展产业园区，应统筹安排劳务品牌产业园区用地指标、能耗指标，盘活闲置的（　　　）、（　　　）、（　　　）和（　　　）等存量资源。

A．商业用房　　B．工业厂房　　　C．企业库房　　　D．商务楼宇
E．学校用房

答案：ABCD。解析：参见《人力资源和社会保障部、国家发展改革委等20部门关于劳务品牌建设的指导意见》（人社部发〔2021〕66号）。

58. 为加速劳务品牌壮大升级，发展产业园区，应结合实施现代服务业优化升级行动，支持服务型劳务品牌企业进驻国家级经济技术开发区发展（　　　）、（　　　）等服务业。

A．医疗健康　　B．商务服务　　　C．社区服务　　　D．教育服务

答案：AC。解析：参见《人力资源和社会保障部、国家发展改革委等20部门关于劳务品牌建设的指导意见》（人社部发〔2021〕66号）。

59. 为强化工作保障，各地要发挥政策引导作用，鼓励以市场化方式撬动（　　　）、（　　　）积极参与，推进劳务品牌建设。

A．技术资本　　B．产业力量　　　C．金融资本　　　D．社会力量

答案：CD。解析：参见《人力资源和社会保障部、国家发展改革委等20部门关于劳务品牌建设的指导意见》（人社部发〔2021〕66号）。

60. 开展选树推介，需组织劳务品牌竞赛，选树具有广泛影响力的劳务品牌

项目，推出劳务品牌（　　　）、（　　　）、（　　　）以及（　　　）等典型人物。

  A．创立人   B．传承人   C．领军人   D．形象代言人

  答案：ABCD。解析：参见《人力资源和社会保障部、国家发展改革委等 20 部门关于劳务品牌建设的指导意见》（人社部发〔2021〕66 号）。

  61．为营造良好氛围，各地要综合运用网络、报纸、杂志、广播电视等媒体平台，围绕（　　　）开展全方位宣传报道。

  A．品牌项目 B．品牌人物 C．品牌活动 D．品牌效益

  答案：ABC。解析：参见《人力资源和社会保障部、国家发展改革委等 20 部门关于劳务品牌建设的指导意见》（人社部发〔2021〕66 号）。

  62．根据 2021 年 8 月 24 日印发的《关于劳务品牌建设的指导意见》（人社部发〔2021〕66 号），属于加强劳务品牌发现培育建议的有（　　　）。

  A．分类型发现劳务品牌   B．分领域培育劳务品牌

  C．建立重点劳务品牌资源库 D．培育龙头企业

  答案：ABC。解析：参见《人力资源和社会保障部、国家发展改革委等 20 部门关于劳务品牌建设的指导意见》（人社部发〔2021〕66 号）。

  63．建筑施工特种作业人员包括（　　　）。

  A．建筑电工   B．建筑架子工

  C．建筑起重信号司索工   D．高处作业吊篮安装拆卸工

  E．经市级以上移民政府住房和城乡建设主管部门认定的其他特种人员

  答案：ABCD。解析：参见《住房和城乡建设部办公厅关于开展施工现场技能工人配备标准制定工作的通知》（建市〔2021〕29 号）。

  64．加强建设工程施工现场生活区域标准化管理，改善从业人员生活环境和居住条件，保障从业人员身体健康和生命安全，生活区域应统筹安排，合理布局，按照（　　　）的原则规划、建设和管理。

  A．标准化 B．程序化   C．智能化

  D．统一化 E．美观化

  答案：ACE。解析：参见表 3-5-1 建筑工人施工现场生活环境基本配置指南。

  65．工人生活区食堂必须具备（　　　）、炊事人员（　　　）、卫生知识培训考核证等。

  A．营业许可证   B．卫生许可证

  C．岗位证   D．身体健康证

答案：BD。解析：参见表 3-5-1 建筑工人施工现场生活环境基本配置指南。

66.《建筑工人施工现场劳动保护基本配置指南》中指出，眼睛防护用品包括（　　　）。

A. 防尘眼镜　　　　　　　　　B. 防飞溅眼镜

C. 防紫外线眼镜　　　　　　　D. 近视眼镜

答案：ABC。解析：参见表 3-5-2 建筑工人施工现场劳动保护基本配置指南。

67. 各工种应按照作业（　　　）和（　　　），按照有关规定配备相应的专用工作服装、劳动保护鞋及工作手套等个人防护用品。

A. 类型　　　B. 性质　　　C. 等级　　　　D. 地点

答案：BC。解析：参见表 3-5-2 建筑工人施工现场劳动保护基本配置指南。

68. 建筑工人施工现场作业环境应符合哪些文件要求（　　　）。

A.《建筑工人施工现场作业环境基本配置指南》

B.《工作场所职业病危害警示标识》GBZ 158

C.《建设工程施工现场消防安全技术规范》GB 50720

D.《建筑施工安全检查标准》JGJ 59

答案：ABCD。解析：参见表 3-5-3 建筑工人施工现场作业环境基本配置指南。

69. 施工分包过程中发包人按合同约定支付给专业工程分包企业或劳务作业分包企业的费用，包括（　　　）等。

A. 人工费　　　B. 材料款　　　C. 设备款　　　D. 管理费

E. 措施费

答案：ABCD。解析：参见《建筑劳务管理标准》T/CCIAT 0015—2020。

70. 建筑企业劳务管理应严格遵守（　　　）等国家法律法规。应签订劳动合同，合法用工，依法分包。

A. 建筑法　　　B. 劳动法　　　C. 劳动合同法

D. 招标投标法　　E. 安全生产法

答案：ABCD。解析：参见《建筑劳务管理标准》T/CCIAT 0015—2020。

71. 施工总承包企业劳务管理负责做好劳务实名制管理工作，对劳务作业分包单位提供的建筑工人（　　　）等进行审核，禁止不符合要求的建筑工人进入施工现场。

A. 信息资料　　　　　　　　　B. 劳动合同

C. 岗位技能证书　　　　　　　D. 特种工人操作证

E. 健康证明

答案：ABC。解析：参见《建筑劳务管理标准》T/CCIAT 0015—2020。

72. 依据《建筑劳务管理标准》T/CCIAT 0015—2020，劳务员应具备的职业素养有（　　　）。

A. 遵守法律法规，讲求诚信

B. 维护施工现场生产秩序

C. 善于发现产生各类纠纷的不稳定因素

D. 主动协商解决纠纷和矛盾

E. 注重职业安全健康管理和环境保护

答案：ABCDE。解析：参见《建筑劳务管理标准》T/CCIAT 0015—2020。

73. 劳务作业分包企业应设专人负责做好逐日考勤记录，记录建筑工人出勤和变更情况，按月向建筑企业项目部提交更新后的（　　　）。

A. 人员花名册　　　　　　　　B. 人员考勤表

C. 工资发放表　　　　　　　　D. 工人退场结算

E. 工人退场承诺书

答案：ABC。解析：参见《建筑劳务管理标准》T/CCIAT 0015—2020。

74. "建筑劳务实名制管理平台"内容应包含建筑工人基本信息、劳动合同签订情况、（　　　）情况等方面的信息，并具备各类数据统计分析的功能。

A. 持证情况　　B. 培训情况　　C. 职业技能

D. 从业记录　　E. 诚信评价

答案：BCDE。解析：参见《建筑劳务管理标准》T/CCIAT 0015—2020。

75. 建筑企业在签订合同前，应如实告知建筑工人（　　　）、安全生产状况、劳动报酬以及建筑工人要求了解的其他情况；建筑企业有权了解建筑工人的基本情况，建筑工人应当如实说明。

A. 工作时间　　B. 工作内容　　C. 工作条件

D. 工作地点　　E. 职业危害

答案：BCDE。解析：参见《建筑劳务管理标准》T/CCIAT 0015—2020。

76. 建筑工人在进入新的岗位、新的施工现场或者建筑企业采用了（　　　）时，应当对建筑工人进行相应的安全生产培训，未经培训或者培训考核不合格的人员，不得上岗作业。

A. 新技术　　B. 新工艺　　　C. 新材料

D. 新设备　　　E. 新工具

答案：ABCD。解析：参见《建筑劳务管理标准》T/CCIAT 0015—2020。

77. 依据《建筑劳务管理标准》T/CCIAT 0015—2020，建筑企业对建筑工人的培训内容应包括（　　　）。

A. 政策、法律法规和知识培训

B. 安全生产和工程质量知识培训

C. 基本技能和技术操作规程培训

D. 职业道德和生活常识培训

E. 相关主管部门规定的其他内容

答案：ABCDE。解析：参见《建筑劳务管理标准》T/CCIAT 0015—2020。

78. 依据《建筑劳务管理标准》T/CCIAT 0015—2020，建筑企业应采用（　　　）等方式对建筑工人进行培训。

A. 进场会　　　B. 夜校　　　　C. 班前会

D. 交底会　　　E. 专题会

答案：BCD。解析：参见《建筑劳务管理标准》T/CCIAT 0015—2020。

79. 依据《建筑劳务管理标准》T/CCIAT 0015—2020，培训计划的主要内容应包括（　　　）。

A. 培训目标　　B. 培训内容　　C. 培训对象

D. 培训师资　　E. 培训时间

答案：ABCDE。解析：参见《建筑劳务管理标准》T/CCIAT 0015—2020。

80. 劳务员是指在房屋建筑与市政基础设施工程建设施工现场，从事（　　　）等工作的专业管理人员。

A. 劳务管理计划　　　　　　B. 劳务人员资格审查与培训

C. 劳动合同管理　　　　　　D. 劳务工资管理

E. 劳务纠纷处理

答案：ABCDE。解析：参见《建筑劳务管理标准》T/CCIAT 0015—2020。

81. 实名制管理是指对建筑企业所使用建筑工人的（　　　）等以真实身份信息认证方式进行综合管理的制度。

A. 从业　　　B. 培训　　　　C. 技能

D. 权益保障　　E. 社会福利

答案：ABCD。解析：参见《建筑劳务管理标准》T/CCIAT 0015—2020。

82. "实名制管理平台"应遵循（　　　）的原则进行开发建设，能与全国范围内其他相关实名制管理平台实现数据共享。

  A. 统一设计　　B. 统一规划　　C. 统一平台

  D. 统一标准　　E. 统一数据

答案：BCDE。解析：参见《建筑劳务管理标准》T/CCIAT 0015—2020。

83. 劳务作业分包招标可采用（　　　）的方式选择具有施工能力或资质的劳务作业分包企业。

  A. 直接发包　　B. 公开招标　　C. 谈判性竞争　　D. 邀请招标

答案：ABD。解析：参见《建筑劳务管理标准》T/CCIAT 0015—2020。

84. 在建立项目劳务管理制度体系中，建筑企业应制定（　　　）等制度。

  A. 劳务用工管理　　　　　　　　B. 实名制管理

  C. 生活区管理　　　　　　　　　D. 劳动用工管理

  E. 劳务纠纷应急预案　　　　　　F. 工资纠纷应急预案

答案：ABE。解析：参见《建筑劳务管理标准》T/CCIAT 0015—2020。

85. 在建立项目劳务管理制度体系中，劳务作业分包企业应建立（　　　）等制度。

  A. 工资管理　　　　　　　　　　B. 实名制管理

  C. 生活区管理　　　　　　　　　D. 劳动用工管理

  E. 劳务纠纷应急预案　　　　　　F. 工资纠纷应急预案

答案：ACDF。解析：参见《建筑劳务管理标准》T/CCIAT 0015—2020。

86. 劳务作业分包企业在施工现场设立项目管理机构，并派驻（　　　）、技术负责人、质量管理负责人、（　　　）等主要管理人员，其劳动合同、岗位证书、（　　　）、（　　　）、工资考勤等资料与中标单位一致。

  A. 项目负责人　　　　　　　　　B. 安全管理负责人

  C. 劳务管理负责人　　　　　　　D. 社保证明

  E. 工资关系证明　　　　　　　　F. 工作业绩

答案：ABDE。解析：参见《建筑劳务管理标准》T/CCIAT 0015—2020。

87. 劳务作业分包费用内容包括（　　　）。

  A. 主要建筑材料　　　　　　　　B. 劳务作业费用

  C. 小型手动工具　　　　　　　　D. 企业管理费

  E. 周转材料　　　　　　　　　　F. 利润

答案：BCDF。解析：参见《建筑劳务管理标准》T/CCIAT 0015—2020。

88. 建筑企业按照合同约定向分包企业支付分包工程款，双方账户名称必须与（   ）的名称一致。

　　A．建筑工人劳动合同　　　　　B．中标通知书

　　C．施工总承包合同　　　　　　D．专业工程分包合同

　　E．劳务作业分包合同

　　答案：BCDE。解析：参见《建筑劳务管理标准》T/CCIAT 0015—2020。

89.《建筑劳务管理标准》T/CCIAT 0015—2020 中劳务施工管理篇中规定建筑企业应按照实名制管理要求验证进场建筑工人，劳务分包企业应提交进场劳务作业工人（   ）等资料原件。

　　A．身份证　　　　　　　　　　B．劳动用工合同

　　C．岗位技能等级证书　　　　　D．银行卡信息

　　E．花名册

　　答案：ABCE。解析：参见《建筑劳务管理标准》T/CCIAT 0015—2020。

90.　劳务作业分包企业应接受建筑企业的监督，做好（   ）等成本要素过程控制。

　　A．分包人工成本控制　　　　　B．分包人工费用控制

　　C．材料用量控制　　　　　　　D．现场经费控制

　　E．安全文明施工费用控制

　　答案：ACDE。解析：参见《建筑劳务管理标准》T/CCIAT 0015—2020。

91.　劳务作业分包企业应建立（   ）的安全生产教育培训制度。

　　A．周期性　　　B．全覆盖　　　C．多层次　　　　D．经常性

　　答案：BCD。解析：参见《建筑劳务管理标准》T/CCIAT 0015—2020。

92.《建筑劳务管理标准》T/CCIAT 0015—2020 中规定工人生活区应设置（   ）。

　　A．宿舍　　　　B．厕所　　　　C．农民工夜校　　D．食堂

　　E．娱乐服务设施

　　答案：ABDE。解析：参见《建筑劳务管理标准》T/CCIAT 0015—2020。

93.　劳务作业分包企业应按照分包合同约定编制（   ）等报告，及时报送总承包单位审核。

　　A．工程计量　　B．月度计量　　C．过程结算

　　D．完工决算　　　E．月度报量

　　答案：ACDE。解析：参见《建筑劳务管理标准》T/CCIAT 0015—2020。

94.　劳务管理绩效评价应包括下列流程（   ）。

A．成立绩效评价机构　　　　B．确定绩效评价专家

C．制定绩效评价标准　　　　D．形成绩效评价结果

答案：ABCD。解析：参见《建筑劳务管理标准》T/CCIAT 0015—2020。

95．建筑企业按照合同约定的工完场清要求，对劳务作业分包企业的工作内容进行检查。移交（　　　）等备案材料。及时按约定结清劳务分包费用。

A．建筑工人身份证　　　　B．劳动合同

C．技能等级证书　　　　　D．结清证明

答案：ABC。解析：参见《建筑劳务管理标准》T/CCIAT 0015—2020。

96．劳务管理绩效评价内容的确定与调整应（　　　）。

A．简单易行　　B．便于评价　　C．与时俱进　　D．创新改进

答案：ABCD。解析：参见《建筑劳务管理标准》T/CCIAT 0015—2020。

97．劳务管理绩效评价指标应（　　　），体现劳务管理绩效的内在特征。

A．公平公正　　B．层次明确　　C．表述准确　　D．计算合理

答案：BCD。解析：参见《建筑劳务管理标准》T/CCIAT 0015—2020。

98．当劳动纠纷发生后，建筑工人和劳务作业分包企业的解决途径有（　　　）。

A．协商解决　　B．劳动仲裁　　C．提起诉讼　　D．信访投诉

答案：ABC。解析：参见《建筑劳务管理标准》T/CCIAT 0015—2020。

99．建筑企业应组织分包企业进行建筑工人入场培训，包括（　　　）等，做好培训记录，未经培训人员不得进场。

A．基本安全培训　　　　　B．遵纪守法培训

C．工作生活环境交底　　　D．企业纪律培训

答案：ABCD。解析：参见《建筑劳务管理标准》T/CCIAT 0015—2020。

100．劳务作业分包企业应使用符合（　　　）要求的施工机具、物资材料等生产要素。

A．节能　　　　B．减排　　　　C．环保　　　　D．安全

答案：ABC。解析：参见《建筑劳务管理标准》T/CCIAT 0015—2020。

101．《建筑劳务管理标准》T/CCIAT 0015—2020 中规定劳务分包合同应当明确以下主要内容（　　　）。

A．发包人、承包人的单位全称

B．工程名称、工程地点、劳务作业承包范围及内容、质量标准、劳务分包合

同价款

C. 合同工期、工程质量、安全生产、文明施工及调整的要求

D. 劳务分包合同价款、支付方式、时限及保证按时支付的相应措施

E. 劳务分包合同价款调整标准，调整的依据及程序

答案：ABCDE。解析：参见《建筑劳务管理标准》T/CCIAT 0015—2020。

102.《建筑劳务管理标准》T/CCIAT 0015—2020 中规定资料员岗位职责有（　　　）。

A. 劳务作业分包企业内部及与总承包单位等相关部门往来文件及资料的收发、传阅、保管

B. 劳务分包作业所涉及的工程图纸等技术文件的收发、登记、借阅、整理、保管

C. 参与劳务施工作业管理，做好劳务施工作业过程各类文件资料的收集、核查、登记、传阅、整理、保管

D. 工程管理信息的检索和查询、收集、整理、传阅、保管

E. 劳务资料的分类、组卷、归档、移交

答案：ABCDE。解析：参见《建筑劳务管理标准》T/CCIAT 0015—2020。

103.《建筑劳务管理标准》T/CCIAT 0015—2020 劳务施工管理篇中规定建筑企业与劳务作业分包企业应在分包合同中将（　　　）目标纳入合同条款并定期考核。

A. 资源节约　　　　　　　　B. 环境保护

C. 民工工资支付　　　　　　D. 文明施工

答案：ABD。解析：参见《建筑劳务管理标准》T/CCIAT 0015—2020。

104. 每月分包单位需提供（　　　）给总包单位进行审核。

A. 工资表　　　　　　　　　B. 考勤表

C. 班组长支付确认书　　　　D. 花名册

答案：ABD

105. 建设单位或者施工总承包单位将建设工程发包或者分包给个人或者不具备合法经营资格的单位，导致拖欠农民工工资的，由（　　　）或者（　　　）清偿。

A. 监理单位　　　　　　　　B. 施工总承包单位

C. 建设单位　　　　　　　　D. 分包单位

答案：BC

106. 相关行业工程建设主管部门应当依法规范本领域建设市场秩序，对

（   ）等行为进行查处。

A. 违法发包　　B. 转包　　　　C. 违法分包　　D. 挂靠

答案：ABCD

107. 加强企业工资支付监察执法，（   ），推进劳动保障监察举报投诉案件省级联动处理机制建设。

A. 扩大日常巡视检查　　　　　B. 季度排查

C. 书面材料审查覆盖范围　　　D. 检查日常资料

答案：ABC

108. 建设单位应在完成项目安监备案后一个月内按照系统内标准担保合同模板，以（   ）保单等形式向施工总承包企业提供工程款支付担保。

A. 现金担保　　B. 信用担保　　C. 银行保函　　D. 保险公司

答案：ACD

109. 存在下列情形（   ）的，属于违法发包。

A. 建设单位将工程发包给个人的

B. 建设单位将工程发包给不具有相应资质的单位的

C. 依法应当招标未招标或未按照法定招标程序发包的

D. 建设单位设置不合理的招标投标条件，限制、排斥潜在标人或者投标人的

E. 建设单位将一个单位工程的施工分解成若干部分发包给同一施工总承包或专业承包单位的

答案：ABCDE

110. 根据《建筑法》第十三条，从事建筑活动的建筑施工企业、勘察单位、设计单位和工程监理单位，按照其拥有的（   ）等资质条件，划分为不同的资质等级，经资质审查合格，取得相应等级的资质证书后，方可在其资质等级许可的范围内从事建筑活动。

A. 注册资本、专业技术人员　　B. 注册地址

C. 技术装备　　　　　　　　　D. 已完成的建筑工程业绩

答案：ACD

111. 根据住房和城乡建设部印发的《建设工程企业资质管理制度改革方案》（建市〔2020〕94号），下列专业承包资质不分等级的有（   ）。

A. 消防设施工程　　　　　　　B. 预拌混凝土工程

C. 模板脚手架工程　　　　　　D. 通用工程

答案：BCD

112. 党的十九大报告中明确指出，建设（　　）劳动者大军，弘扬劳模精神和工匠精神，营造劳动光荣的社会风尚和精益求精的敬业风气。

　　A．知识型　　　　B．技能型　　　　C．创新型　　　　D．奉献型

答案：ABC

113. 根据住房和城乡建设部等 12 部门印发《关于加快培育新时代建筑产业工人队伍的指导意见》（建市〔2020〕105 号），当前我国建筑产业工人队伍仍存在（　　）等问题。

　　A．无序流动性大　　　　　　　B．老龄化现象突出

　　C．技能素质低　　　　　　　　D．工人数量不足

　　E、权益保障不到位

答案：ABCE

114. 加快培育新时代建筑产业工人队伍，要求完善职业技能培训体系，鼓励企业采取（　　）等多种形式，解决企业内建筑工人理论与实操脱节的问题。

　　A．辞退不合格工人　　　　　　B．建立培训基地

　　C．校企合作　　　　　　　　　D．购买社会培训

答案：BCD

115. 根据《保障农民工工资支付条例》，有下列（　　）情形的，由人力资源和社会保障行政部门责令限期改正；逾期不改正的，对单位处 2 万元以上 5 万元以下的罚款，对法定代表人或者主要负责人、直接负责的主管人员和其他直接责任人员处 1 万元以上 3 万元以下的罚款。

　　A．以实物、有价证券等形式代替货币支付农民工工资

　　B．未编制工资支付台账并依法保存，或者未向农民工提供工资清单

　　C．扣押或者变相扣押用于支付农民工工资的银行账户所绑定的农民工本人社会保障卡或者银行卡

　　D．未实行劳动用工实名制管理

答案：ABC

116. 有下列情形（　　）的，由人力资源和社会保障行政部门、相关行业工程建设主管部门按照职责责令限期改正；逾期不改正的，责令项目停工，并处 5 万元以上 10 万元以下的罚款。

　　A．建设单位未依法提供工程款支付担保

　　B．建设单位未按约定及时足额向农民工工资专用账户拨付工程款中的人工费用

C. 分包单位未按月考核农民工工作量、编制工资支付表并经农民工本人签字确认

D. 建设单位或者施工总承包单位拒不提供或者无法提供工程施工合同、农民工工资专用账户有关资料

答案：ABD

117. 被拖欠工资的农民工有权依法投诉，维护自己的权益，下列可行的举措有（　　）。

A. 申请劳动争议调解仲裁　　　　B. 向人力资源和社会保障行政部门举报

C. 提起诉讼　　　　　　　　　　D. 用工地物资代偿

答案：ABC

118. 各地住房和城乡建设主管部门要积极推进建筑工人职业技能培训，引导龙头建筑企业积极探索与高职院校合作办学、建设建筑产业工人培育基地等模式，将（　　）与现场施工有机结合，提高培训的针对性和适用性。

A. 技能培训　　　B. 工种配备　　　C. 实操训练　　　D. 考核评价

答案：ACD

119. 根据住房和城乡建设部发布《关于进一步做好建筑工人就业服务和权益保障工作的通知》（建办市〔2022〕40号），做好建筑工人就业服务和权益保障工作，各地住房和城乡建主管部门就要做到（　　）。

A. 加强职业培训，提升建筑工人技能水平

B. 加强企业资质审核，由备案制改为审核制

C. 加强岗位指引，促进建筑工人有序管理

D. 加强纾困解难，增加建筑工人就业岗位

E. 加强安全教育，保障建筑工人合法权益

答案：ACDE

120. 工伤保险的作用有（　　）。

A. 提高非工伤职工的收入

B. 维护职工合法权益

C. 分散用人单位风险，减轻用人单位负担

D. 有利于建立工伤事故和职业病危害防范机制

答案：BCD

121. 下列关于事故发生后保护现场的说法中，属于正确做法的有（　　）。

A. 应立即组织营救伤员，之后要排除事故再次发生的危险源，除此之外，对

于现场一般不予搬运

B. 当事人在事故发生后，在事故处理人员尚未到达现场之前，立刻离开，并带走重要物证

C. 制作现场图及照片，除了警方例行的绘图外，建议现场负责人自行制作现场图及事故情况说明，将事故发生的情况尽可能地详细记录

D. 寻找现场目击证人，并留下证人资料、以供日后联络之用

答案：ACD

122. 下列造成事故的情形中，属于直接原因的有（   ）。

A. 机械、物质或环境的不安全状态导致事故

B. 人的不安全行为导致事故

C. 劳动组织不合理，主要是工作安排不合理、随意加班加点

D. 对现场工作缺乏检查或指导错误

答案：AB

123. 必须消耗的时间是工人在正常施工条件下，为完成一定产品所消耗的时间。它是制定定额的主要依据。必须消耗的时间包括（   ）。

A. 有效工作时间　　　　　　　B. 不可避免的中断所消耗的时间

C. 休息时间　　　　　　　　　D. 损失时间

答案：ABC

124. 确定劳动力的劳动效率，是劳动力需求计划编制的重要前提，劳动效率通常用（   ）表示。

A. 产量／单位时间　　　　　　B. 单位工时／消耗量

C. 单位时间／产量　　　　　　D. 工时消耗量／单位工作量

答案：AD

125. 劳动力总量需求计划的编制程序有（   ）。

A. 确定劳动效率　　　　　　　B. 编制劳动力需求计划

C. 确定劳动投入量　　　　　　D. 确定劳动投入效益

答案：ABC

126. 劳动合同具有（   ）的特征。

A. 劳动合同必须以书面形式订立

B. 国家干预下的当事人意思自治

C. 合同双方当事人强弱对比悬殊

D. 劳动合同具有人身性

E. 劳动合同同时具有平等性和隶属性

答案：ABCDE

127. M 公司为电脑科技公司，其竞业限制的人员有（　　）。

A. 高级管理人员　　　　　　　　B. 高级技术人员

C. 负有保密义务的人员　　　　　D. 公司保洁员

答案：ABC

128. 从我国现行劳动立法看，当事人违反劳动合同的约定，实施了不履行和不完全履行劳动合同的行为，必须承担的违约责任，包括（　　）。

A. 行政责任　　　　　　　　　　B. 经济责任

C. 社会责任　　　　　　　　　　D. 刑事责任

答案：AB

129. 劳动合同按照劳动合同期限可以分为（　　）。

A. 全日制用工劳动合同　　　　　B. 非全日制劳动用工合同

C. 固定期限劳动合同　　　　　　D. 无固定期限劳动合同

E. 以完成一定工作任务为期限的劳动合同

答案：CDE

三、判断题

1. 市级以上地方人民政府对本行政区域内保障农民工工资支付工作负责。

答案：错误。解析：应为县级以上，参见《保障农民工工资支付条例》（国务院令第 724 号）。

2. 建设单位与施工总承包单位或者承包单位与分包单位因工程数量、质量、造价等产生争议的，施工总承包单位可以暂缓工人工资发放。

答案：错误。解析：参见《保障农民工工资支付条例》（国务院令第 724 号）。

3. 发生农民工集体讨薪事件的，建设单位应当会同施工总承包单位及时处理，并向项目所在地公安机关报告有关情况。

答案：错误。解析：参见《保障农民工工资支付条例》（国务院令第 724 号）。

4. 施工总单位应当按照合同约定及时拨付工程款，并将人工费用及时足额拨付至农民工工资专用账户。

答案：错误。解析：参见《保障农民工工资支付条例》（国务院令第 724 号）。应为建设单位。

5. 总承包单位应当以未结清的工程款为限先行垫付被拖欠的农民工工资。

答案：错误。解析：参见《保障农民工工资支付条例》（国务院令第 724 号）。

6. 相关行业工程建设主管部门根据水电燃气供应、物业管理、信贷、税收等反映企业生产经营相关指标的变化情况，及时监控和预警工资支付隐患并做好防范工作。

答案：错误。解析：参见《保障农民工工资支付条例》（国务院令第 724 号）。

7. 人力资源和社会保障行政部门、相关行业工程建设主管部门和其他有关部门应当按照职责，加强对用人单位与农民工签订劳动合同、工资支付以及工程建设项目实行农民工实名制管理、农民工工资专用账户管理、施工总承包单位代发工资、工资保证金存储、维权信息公示等情况的监督检查，预防和减少拖欠农民工工资行为的发生。

答案：正确。解析：参见《保障农民工工资支付条例》（国务院令第 724 号）。

8. 人力资源和社会保障行政部门作出责令支付被拖欠的农民工工资的决定，相关单位不支付的，可以依法进行起诉。

答案：错误。解析：参见《保障农民工工资支付条例》（国务院令第 724 号）。

9. 建设单位应当按照有关规定存储工资保证金，专项用于支付为所承包工程提供劳动的农民工被拖欠的工资。

答案：错误。解析：参见《保障农民工工资支付条例》（国务院令第 724 号）。

10. 工资保证金不得用金融机构保函替代。

答案：错误。解析：参见《保障农民工工资支付条例》（国务院令第 724 号）。

11. 分包单位应当向施工单位提供工程款支付担保。

答案：错误。解析：参见《保障农民工工资支付条例》（国务院令第 724 号）。

12. 建筑企业应承担施工现场建筑工人实名制管理职责，制定本企业建筑工人实名制管理制度，配备专（兼）职建筑工人实名制管理人员。

答案：正确。解析：参见《住房和城乡建设部、人力资源和社会保障部关于印发建筑工人实名制管理办法（试行）的通知》（建市〔2019〕18 号）。

13. 全面实行建筑业农民工实名制管理制度，农民工进场施工后签订劳动合同。

答案：错误。解析：参见《住房和城乡建设部、人力资源和社会保障部关于印发建筑工人实名制管理办法（试行）的通知》（建市〔2019〕18 号）。

14. 各级住房和城乡建设部门对在监督检查中发现的企业及个人弄虚作假、

漏报瞒报等违规行为，应曝光、核查企业资质。

答案：错误。解析：参见《住房和城乡建设部、人力资源和社会保障部关于印发建筑工人实名制管理办法（试行）的通知》（建市〔2019〕18 号）。

15. 施工单位与分包单位约定实施建筑工人实名制管理的相关内容，落实建筑工人实名制管理的各项要求。

答案：错误。解析：参见《住房和城乡建设部、人力资源和社会保障部关于印发建筑工人实名制管理办法（试行）的通知》（建市〔2019〕18 号）。

16. 总承包企业应以基本信息为基础，采集进入施工现场的建筑工人和项目管理人员的真实身份信息。

答案：错误。解析：参见《住房和城乡建设部、人力资源和社会保障部关于印发建筑工人实名制管理办法（试行）的通知》（建市〔2019〕18 号）。

17. 建筑企业应依法按劳动合同约定，通过农民工工资专用账户按先发生活费的方式将工资发放给建筑工人，并按规定在施工现场显著位置设置"建筑工人维权告示牌"，公开相关信息。

答案：错误。解析：参见《住房和城乡建设部、人力资源和社会保障部关于印发建筑工人实名制管理办法（试行）的通知》（建市〔2019〕18 号）。

18. 对涉及不依法签订劳动合同、欠薪等侵害建筑工人劳动保障权益的，由人力资源和社会保障部门会同住房和城乡建设部门依法处理。

答案：正确。解析：参见《住房和城乡建设部、人力资源和社会保障部关于印发建筑工人实名制管理办法（试行）的通知》（建市〔2019〕18 号）。

19. 施工总承包企业和分包企业应将经农民工本人签字确认的工资支付书面记录保存三年以上备查。

答案：错误。解析：参见《保障农民工工资支付条例》（国务院令第 724 号），条例第十五条。

20. 企业经营存在一定风险时，可以适当拖欠农民工工资。

答案：错误。解析：参见《住房和城乡建设部、人力资源和社会保障部关于印发建筑工人实名制管理办法（试行）的通知》（建市〔2019〕18 号）。

21. 在工程建设领域，鼓励实行分包企业农民工工资委托施工总承包企业直接代发的办法。

答案：正确。解析：参见《保障农民工工资支付条例》（国务院令第 724 号）。

22. 在工程建设领域，实行人工费用与其他工程款分账管理制度，推动农民工工资与工程材料款等相分离。

答案：正确。解析：参见《国务院办公厅关于全面治理拖欠农民工工资问题的意见》（国办发〔2016〕1号）。

23. 建设单位应按照工程承包合同约定的比例或施工总承包企业提供的人工费用数额，将应付工程款中的人工费单独拨付到分包单位企业开设的农民工工资（劳务费）专用账户。

答案：错误。解析：参见《国务院办公厅关于全面治理拖欠农民工工资问题的意见》（国办发〔2016〕1号）。

24. 致使分包企业拖欠农民工工资的，由建设单位或施工总承包企业以未结清的工程款为限先行垫付农民工工资。

答案：正确。解析：参见《国务院办公厅关于全面治理拖欠农民工工资问题的意见》（国办发〔2016〕1号）。

25. 某施工工地进入装饰装修阶段，现需要进行腻子施工，某工人B计划做腻子劳务工作，遂与某承包分包单位签订劳务合同。

答案：错误。解析：参见《住房和城乡建设部关于加快培育新时代建筑产业工人队伍的指导意见》（建市〔2020〕105号）。

26. 某木工劳务班组，在政策的鼓励和引导下成立以作业为主的企业，注册时选择木工和架工两个专业作业工种。

答案：正确。解析：参见《住房和城乡建设部关于加快培育新时代建筑产业工人队伍的指导意见》（建市〔2020〕105号）。

27. 关于职业技能培训体系，建筑工人职业技能标准和评价规范已经完善。

答案：错误。解析：参见《住房和城乡建设部关于加快培育新时代建筑产业工人队伍的指导意见》（建市〔2020〕105号）。

28. 为达成劳务品牌建设的主要目标，劳务品牌知名度、认可度、美誉度需明显提升。

答案：正确。解析：参见《人力资源和社会保障部、国家发展改革委等20部门关于劳务品牌建设的指导意见》（人社部发〔2021〕66号）。

29. 对已形成相对成熟运营体系的劳务品牌，无需强化规范化管理服务，整合优化品牌资源，扩大市场影响力，推动做大做强做优。

答案：错误。解析：参见《人力资源和社会保障部、国家发展改革委等20部门关于劳务品牌建设的指导意见》（人社部发〔2021〕66号）。

30. 对具有一定知名度、从业人员规模较大，但还没有固定品牌名称的劳务产品，应抓紧确定劳务品牌名称，聚力品牌化发展。

答案：正确。解析：参见《人力资源和社会保障部、国家发展改革委等20部门关于劳务品牌建设的指导意见》（人社部发〔2021〕66号）。

31. 对有一定从业基础，但技能特点不突出、分布较为零散的劳务产品，应总结品牌特征，逐步引导形成劳务品牌。

答案：正确。解析：参见《人力资源和社会保障部、国家发展改革委等20部门关于劳务品牌建设的指导意见》（人社部发〔2021〕66号）。

32. 为建立重点劳务品牌资源库，应组织政府部门、企事业单位及行业协会、商会等社会组织，根据带动就业人数较多、技能产品特色明显、市场知名度高等特点，共同确定本地区劳务品牌建设重点项目，形成指导目录，实施动态管理。

答案：正确。解析：参见《人力资源和社会保障部、国家发展改革委等20部门关于劳务品牌建设的指导意见》（人社部发〔2021〕66号）。

33. 为加快劳务品牌发展提升，提高技能含量，应鼓励各类培训机构、专科院校开展劳务品牌相关职业技能培训。

答案：错误。解析：参见《人力资源和社会保障部、国家发展改革委等20部门关于劳务品牌建设的指导意见》（人社部发〔2021〕66号）。

34. 为加快劳务品牌发展提升，提高技能含量。应对符合条件的高技能人才同等落实职称评聘、选拔培养奖励项目等当地人才政策。

答案：正确。解析：参见《人力资源和社会保障部、国家发展改革委等20部门关于劳务品牌建设的指导意见》（人社部发〔2021〕66号）。

35. 为加快劳务品牌发展提升，扩大就业规模，对开展有组织劳务输出的机构，应按规定给予就业创业服务补助。

答案：正确。解析：参见《人力资源和社会保障部、国家发展改革委等20部门关于劳务品牌建设的指导意见》（人社部发〔2021〕66号）。

36. 加速劳务品牌壮大升级，支持创新创业，应安排一定比例的场地用于劳务品牌创业孵化，按规定落实适当收取房租、水电暖费等优惠政策。

答案：错误。解析：参见《人力资源和社会保障部、国家发展改革委等20部门关于劳务品牌建设的指导意见》（人社部发〔2021〕66号）。

37. 为加快劳务品牌发展提升，扩大就业规模，需将脱贫人口、农村闲置人口等困难群体作为劳务品牌优先输出就业服务对象。

答案：错误。解析：参见《人力资源和社会保障部、国家发展改革委等20部门关于劳务品牌建设的指导意见》（人社部发〔2021〕66号）。

38. 在施项目应加强与住房和城乡建设行业从业人员培训管理信息系统信息共享，及时分析记录建筑工人技能等级、培训考核评价、工资薪酬、用工评价等情况。

答案：正确。解析：参见《住房和城乡建设部办公厅关于开展施工现场技能工人配备标准制定工作的通知》（建市〔2021〕29号）

39. 生活区域场地应合理硬化、绿化，生活区域应实施开放式管理，人员实行实名制管理。

答案：错误。解析：参见表3-5-1　建筑工人施工现场生活环境基本配置指南。

40. 生活区设置和管理由施工总承包单位负责，分包单位应从旁辅助。

答案：错误。解析：参见表3-5-1　建筑工人施工现场生活环境基本配置指南。

41. 生活区域的建筑和构筑物的外观与色彩可以根据各个项目的特点进行个性化设计，无需与周边环境保持一致的协调性。

答案：错误。解析：参见表3-5-1　建筑工人施工现场生活环境基本配置指南。

42. 宿舍可以与厨房操作间、锅炉房、变配电间等组合建造。

答案：错误。解析：参见表3-5-1　建筑工人施工现场生活环境基本配置指南。

43. 宿舍楼、宿舍房间可以每个分包单独进行编号。

答案：错误。解析：参见表3-5-1　建筑工人施工现场生活环境基本配置指南。

44. 生活区须配备专职保卫人员，负责日常保卫、消防工作的实施。

答案：错误。解析：参见表3-5-1　建筑工人施工现场生活环境基本配置指南。

45. 卫生许可证、健康体检证明以及卫生知识培训证书应当统一收集并进行档案管理。

答案：错误。解析：参见表3-5-1　建筑工人施工现场生活环境基本配置指南。

46. 生活区内的用电实行统一管理，用电设施必须符合安全、消防规定。

答案：正确。解析：参见表 3-5-1　建筑工人施工现场生活环境基本配置指南。

47. 工人可以根据劳务企业（专业作业企业）要求自备劳动着装和劳动技术装备。

答案：错误。解析：参见表 3-5-2　建筑工人施工现场劳动保护基本配置指南。

48. 基础施工时设专人观察边坡及护壁，如有裂缝或其他情况，要采取措施后才能继续作业。

答案：正确。解析：参见表 3-5-3　建筑工人现场作业环境基本配置指南。

49. 出料平台必须有施工设计方案并报批后可使用。

答案：错误。解析：参见表 3-5-3　建筑工人现场作业环境基本配置指南。

50. 深坑作业时，视线范围内无作业人员，可向坑内抛物体。

答案：错误。解析：参见表 3-5-3　建筑工人现场作业环境基本配置指南。

51. 生活区内可以单独设置存放易燃、易爆、剧毒、腐蚀性、放射源等危险物品的仓库或者房间。

答案：错误。解析：参见表 3-5-3　建筑工人现场作业环境基本配置指南。

52. 施工总承包单位负责监督劳务作业分包企业建筑工人工资发放情况，对劳务作业分包企业的工资支付负主要责任。

答案：错误。解析：参见《建筑劳务管理标准》T/CCIAT 0015—2020。

53. 依据有关法律法规的规定和劳动合同的约定，以现金形式向建筑工人支付工资。

答案：错误。解析：参见《建筑劳务管理标准》T/CCIAT 0015—2020。

54. 依据有关法律法规的规定和劳动合同的约定，必须按约定支付建筑工人的基本工资，且支付数额不得低于工程项目所在地区最低工资标准。

答案：正确。解析：参见《建筑劳务管理标准》T/CCIAT 0015—2020。

55. 劳务管理员应参与劳动合同管理，包括劳动合同的签订、变更、解除、终止及社会保险等工作，参与劳务分包合同的评审。

答案：正确。解析：参见《建筑劳务管理标准》T/CCIAT 0015—2020。

56. 劳务管理员应监督劳务分包队伍的退场，对相关物资进行清算，协助办理劳务分包队伍退场时各项手续。

答案：正确。解析：参见《建筑劳务管理标准》T/CCIAT 0015—2020。

57. 劳务管理员应参与建立建筑工人教育培训制度、考勤制度、工资结算及发放制度、安全生产管理制度、社会保险缴纳管理制度等。

答案：正确。解析：参见《建筑劳务管理标准》T/CCIAT 0015—2020。

58. 劳务管理员应汇总、整理、保存劳务作业分包企业和建筑工人管理资料。

答案：错误。解析：参见《建筑劳务管理标准》T/CCIAT 0015—2020。

59. 依据《建筑劳务管理标准》T/CCIAT 0015—2020，劳务作业分包企业必须委托施工总承包单位代发建筑工人工资。

答案：错误。解析：参见《建筑劳务管理标准》T/CCIAT 0015—2020。

60. 由劳务作业分包企业直接支付工资时，应按照劳动合同约定按月支付基本工资给建筑工人本人，并经其本人签字确认。

答案：错误。解析：参见《建筑劳务管理标准》T/CCIAT 0015—2020。

61. 劳务作业分包企业应结清并支付建筑工人全部工资，在实名制管理平台中将其设置为退场状态，并向建筑企业报备。

答案：错误。解析：参见《建筑劳务管理标准》T/CCIAT 0015—2020。

62. 劳动合同应一式两份，用工单位与建筑工人各执一份，建筑企业对劳动合同实行备案管理。

答案：正确。解析：参见《建筑劳务管理标准》T/CCIAT 0015—2020。

63. 建筑企业应留存建筑工人身份证复印件，可以扣押建筑工人的身份证原件或其他证件。

答案：错误。解析：参见《建筑劳务管理标准》T/CCIAT 0015—2020。

64. 建筑企业应在建筑工人进场时，收集并留存其与用工单位签订的劳动合同原件。

答案：错误。解析：参见《建筑劳务管理标准》T/CCIAT 0015—2020。

65. 建筑工人在工作期间，若发生危及人身安全的紧急情况时，有权立即停止作业或在采取必要的应急措施后撤离危险区域。

答案：正确。解析：参见《建筑劳务管理标准》T/CCIAT 0015—2020。

66. 建筑工人在工作期间，对施工现场的安全管理工作可提出批评、建议，对严重违章作业危及作业人员安全的行为可检举控告。

答案：正确。解析：参见《建筑劳务管理标准》T/CCIAT 0015—2020。

67. 依据《建筑劳务管理标准》T/CCIAT 0015—2020，建筑工人的工资不得低于工程项目所在地工资标准。

答案：错误。解析：参见《建筑劳务管理标准》T/CCIAT 0015—2020。

68. 建筑企业编制培训计划时应充分考虑建筑工人培训的超前性及培训结果的确定性。

答案：错误。解析：参见《建筑劳务管理标准》T/CCIAT 0015—2020。

69. 建筑企业应指导劳务作业分包企业的技术管理工作，做好技术质量交底，对分包企业编制的施工技术文件进行审核，保证其满足工程项目既定的质量目标的要求。

答案：错误。解析：参见《建筑劳务管理标准》T/CCIAT 0015—2020。

70. 建筑企业应为建筑工人提供基本的生活条件，确保工人生活区安全、整洁卫生，满足消防、疫防要求。

答案：正确。解析：参见《建筑劳务管理标准》T/CCIAT 0015—2020。

71. 建筑企业、项目经理部应建立预警机制，将劳务纠纷化解在萌芽状态。

答案：错误。解析：参见《建筑劳务管理标准》T/CCIAT 0015—2020。

72. 建筑企业、项目经理部应杜绝产生恶意讨薪现象，防止劳务作业分包企业利用劳动纠纷解决经济纠纷。

答案：错误。解析：参见《建筑劳务管理标准》T/CCIAT 0015—2020。

73. 劳务作业分包企业接到建筑工人劳动纠纷的来访和信访，应以事实为依据做好沟通工作，采取周密的措施，避免矛盾激化。

答案：错误。解析：参见《建筑劳务管理标准》T/CCIAT 0015—2020。

74. 劳务作业分包企业应对已签订的劳务分包合同进行登记，建立登记表，以便查阅和履约过程管理。

答案：正确。解析：参见《建筑劳务管理标准》T/CCIAT 0015—2020。

75. 发生突发性群体性事件时，建筑企业和劳务作业分包企业的主要负责人，必须第一时间赶到现场，启动应急预案，及时向政府主管部门报告，开展危机应急管理，疏导矛盾，解决问题。处理群体事件时，建筑企业是主要责任人，劳务作业分包企业是第一责任人。

答案：错误。解析：参见《建筑劳务管理标准》T/CCIAT 0015—2020。

76. 劳务作业分包企业应当在劳务施工作业完工前或工程竣工验收后，将形成的劳务资料向施工总承包单位归档。

答案：错误。解析：参见《建筑劳务管理标准》T/CCIAT 0015—2020。

77. 劳务作业分包企业应建立劳务资料管理制度，并配备专职或兼职资料员。

答案：正确。解析：参见《建筑劳务管理标准》T/CCIAT 0015—2020。

78. 劳务作业班组、零散建筑工人中途退场，无需及时报建筑企业备案。

答案：错误。解析：参见《建筑劳务管理标准》T/CCIAT 0015—2020。

79. 劳务作业分包企业进场应符合国家和地方法律法规要求，未签订劳务作业分包合同严禁进场施工。

答案：正确。解析：参见《建筑劳务管理标准》T/CCIAT 0015—2020。

四、填空题

1. （　　　）负责及时受理、侦办涉嫌拒不支付劳动报酬刑事案件，依法处置因农民工工资拖欠引发的社会治安案件。

答案：公安机关。解析：参见《保障农民工工资支付条例》（国务院令第724号）。

2. 用人单位应当按照与农民工（　　　）或者依法制定的规章制度规定的工资支付周期和具体支付日期足额支付工资。

答案：书面约定。解析：参见《保障农民工工资支付条例》（国务院令第724号）。

3. （　　　）地方人民政府应当建立农民工工资支付监控预警平台。

答案：县级以上。解析：参见《保障农民工工资支付条例》（国务院令第724号）。

4. 依法申请注销农民工工资专用账户后，账户内余额归（　　　）所有。

答案：施工总承包单位。解析：参见《保障农民工工资支付条例》（国务院令第724号）。

5. 建设单位应当以（　　　）为单位建立保障农民工工资支付协调机制和工资拖欠预防机制，督促施工总承包加强劳动用工管理，妥善处理与农民工工资支付相关的矛盾纠纷。

答案：项目。解析：参见《保障农民工工资支付条例》（国务院令第724号）。

6. 人力资源和社会保障行政部门在查处拖欠农民工工资案件时，需要依法查询相关单位金融账户和相关当事人拥有房产、车辆等情况的，应当经（　　）市级以上地方人民政府人力资源和社会保障行政部门负责人批准，有关金融机构和登记部门应当予以配合。

答案：设区的。解析：参见《保障农民工工资支付条例》（国务院令第724号）。

7. 用人单位合并或者分立时，经与农民工（　　）一致的，可以由合并或者分立后承继其权利和义务的用人单位清偿。

答案：书面协商。解析：参见《保障农民工工资支付条例》（国务院令第724号）。

8. 施工现场维权信息告示牌由（　　）设立。

答案：施工总承包单位。解析：参见《保障农民工工资支付条例》（国务院令第724号）。

9. 工资保证金实行（　　）存储办法，对一定时期内未发生工资拖欠的单位实行减免措施，对发生工资拖欠的单位适当提高存储比例。

答案：差异化。解析：参见《保障农民工工资支付条例》（国务院令第724号）。

10. 建设项目人工费用拨付周期不得超过（　　）。

答案：1个月。解析：参见《保障农民工工资支付条例》（国务院令第724号）。

11. 各级住房和城乡建设部门对在监督检查中发现存在工资拖欠的，可（　　）农民工工资保证金缴纳比例。

答案：提高。解析：参见《住房和城乡建设部、人力资源和社会保障部关于印发建筑工人实名制管理办法（试行）的通知》（建市〔2019〕18号）。

12. 已录入全国建筑工人管理服务信息平台的建筑工人，1年以上（含1年）无数据更新的，再次从事建筑作业时，建筑企业应对其重新进行基本（　　）。

答案：安全培训。解析：参见《住房和城乡建设部、人力资源和社会保障部关于印发建筑工人实名制管理办法（试行）的通知》（建市〔2019〕18号）。

13. 实施建筑工人实名制管理所需费用可列入安全文明施工费和（　　）。

答案：管理费。解析：参见《住房和城乡建设部、人力资源和社会保障部关于印发建筑工人实名制管理办法（试行）的通知》（建市〔2019〕18号）。

14. 建筑企业应依法按劳动合同约定，通过农民工工资专用账户按（　　）足额将工资直接发放给建筑工人

答案：月。解析：参见《住房和城乡建设部、人力资源和社会保障部关于印

发建筑工人实名制管理办法（试行）的通知》（建市〔2019〕18号）。

15. 各级住房和城乡建设部门应按照"双随机、（　　　）"的要求，加强对本行政区域施工现场建筑工人实名制管理制度落实情况的日常检查，对涉及建筑工人实名制管理相关投诉举报事项进行调查处理。

答案：一公开。解析：参见《住房和城乡建设部、人力资源和社会保障部关于印发建筑工人实名制管理办法（试行）的通知》（建市〔2019〕18号）。

16. 鼓励有条件的企业建立首席技师制度、劳模和工匠人才（职工）创新工作室、（　　　）工作室和高级技能人才库。

答案：技能大师。解析：参见《住房和城乡建设部关于加快培育新时代建筑产业工人队伍的指导意见》（建市〔2020〕105号）。

17. 围绕劳务品牌高质量发展，应坚持（　　　）、（　　　），强化技能化开发、规模化输出。

答案：市场化运作；规范化培育。解析：参见《人力资源和社会保障部、国家发展改革委等20部门关于劳务品牌建设的指导意见》（人社部发〔2021〕66号）。

18. 对有一定从业基础，但技能特点不突出、分布较为零散的劳务产品，应总结（　　　），逐步引导形成劳务品牌。

答案：品牌特征。解析：参见《人力资源和社会保障部、国家发展改革委等20部门关于劳务品牌建设的指导意见》（人社部发〔2021〕66号）。

19. 对资源枯竭城市、独立工矿区等就业压力较大，以及国家乡村振兴重点帮扶县、易地扶贫搬迁安置区等脱贫人口、搬迁群众、农村留守妇女较多的地区，应围绕制造业、建筑业、快递物流等就业容量大的领域，打造（　　　）劳务品牌。

答案：民生保障型。解析：参见《人力资源和社会保障部、国家发展改革委等20部门关于劳务品牌建设的指导意见》（人社部发〔2021〕66号）。

20. 为加快劳务品牌发展提升，增强品牌信誉，应引导具有核心竞争力的劳务品牌专利技术向（　　　）转化。

答案：标准化。解析：参见《人力资源和社会保障部、国家发展改革委等20部门关于劳务品牌建设的指导意见》（人社部发〔2021〕66号）。

21. 为加速劳务品牌壮大升级，支持创新创业，应鼓励劳务品牌从业人员发挥（　　　）、专业所长、从业经历等优势开展创新创业。

答案：技能优势。解析：参见《人力资源和社会保障部、国家发展改革委等20部门关于劳务品牌建设的指导意见》（人社部发〔2021〕66号）。

22. 为加速劳务品牌壮大升级，支持创新创业，应鼓励银行等金融机构在依法合规、商业可持续的原则下，积极探索劳务品牌商标权、（　　）等质押贷款，鼓励以劳务品牌为标的物，积极投保相关保险。

答案：专利权。解析：参见《人力资源和社会保障部、国家发展改革委等 20 部门关于劳务品牌建设的指导意见》（人社部发〔2021〕66 号）。

23. 推动劳务品牌上下游产业链协同发展，应按照产业链环节与资源价值区段相匹配原则开展产业布局，打造产业集聚、定位鲜明、配套完善、（　　）的劳务品牌特色产业园区。

答案：功能完备。解析：参见《人力资源和社会保障部、国家发展改革委等 20 部门关于劳务品牌建设的指导意见》（人社部发〔2021〕66 号）。

24. 将劳务品牌建设作为就业工作重点任务，应组建劳务品牌建设（　　），加强劳务品牌理论研究。

答案：专家库。解析：参见《人力资源和社会保障部、国家发展改革委等 20 部门关于劳务品牌建设的指导意见》（人社部发〔2021〕66 号）。

25. 举办系列活动，应结合"（　　）"战略举办文化交流活动，支持劳务品牌走出去。

答案：一带一路。解析：参见《人力资源和社会保障部、国家发展改革委等 20 部门关于劳务品牌建设的指导意见》（人社部发〔2021〕66 号）。

26. 深度超过 2 米的基坑、沟、槽周边应设置不低于 1.2 米的临边防护栏杆，并设置（　　）。

答案：夜间警示灯。解析：参见表 3-5-3　建筑工人施工现场作业环境基本配置指南。

27. 建筑物楼层邻边四周、阳台，未砌筑、安装围护结构时的安全防护现场所有楼层临边防护均为不低于（　　）米的固定防护栏杆并满挂密目安全网。

答案：1.2。解析：参见表 3-5-3　建筑工人施工现场作业环境基本配置指南。

28. 脚手架安全防护应具有强度、（　　）和稳定性。

答案：刚度。解析：参见表 3-5-3　建筑工人施工现场作业环境基本配置指南。

29. 施工过程中进行立体交叉作业时，不得在（　　）方向上下操作。

答案：同一垂直。解析：参见表 3-5-3　建筑工人施工现场作业环境基本配置指南。

30. 模板部件拆除后，临时堆放处离楼层边不小于 1 米，堆放高度不超过（　　）米。

答案：1。解析：参见表 3-5-3　建筑工人施工现场作业环境基本配置指南。

31. 非运行状态时，施工电梯停靠在（　　），并将开关、门限位上锁，切断电源。

答案：一层。解析：参见表 3-5-3　建筑工人施工现场作业环境基本配置指南。

32. 建筑业企业将其所承包的房屋建筑和市政基础设施工程中的专业工程或者劳务作业发包给具有（　　）和能力的分包企业完成的活动。

答案：资质。解析：参见《建筑劳务管理标准》T/CCIAT 0015—2020。

33. 建筑企业与劳务作业分包企业签订以完成（　　）为目的的劳务合同形成民事关系。

答案：特定工作。解析：参见《建筑劳务管理标准》T/CCIAT 0015—2020。

34. 建筑企业与建筑工人未按劳动合同履约而产生的纠纷，在施工现场主要表现为建筑工人的（　　）纠纷和工伤事故纠纷。

答案：工资支付。解析：参见《建筑劳务管理标准》T/CCIAT 0015—2020。

35. 建筑企业与分包作业企业因未按分包合同履约而产生的纠纷，在施工现场主要表现为（　　）纠纷和分包工程款支付纠纷。

答案：分包结算。解析：参见《建筑劳务管理标准》T/CCIAT 0015—2020。

36. 建筑企业劳务管理应按照国家规定和合同约定为建筑工人支付工资、缴纳社会保险，提供必要的（　　）和生活环境，维护建筑工人合法权益。

答案：施工作业条件。解析：参见《建筑劳务管理标准》T/CCIAT 0015—2020。

37. 依据《建筑劳务管理标准》T/CCIAT 0015—2020，劳务作业管理流程包括劳务进场管理、（　　）、劳务退场管理。

答案：劳务施工管理。解析：参见《建筑劳务管理标准》T/CCIAT 0015—2020。

38. 劳务作业分包企业应对照劳务作业目标，监督劳务作业活动，分析劳务施工进展情况，必要时（　　）。

答案：实施纠偏。解析：参见《建筑劳务管理标准》T/CCIAT 0015—2020。

39. 依据《建筑劳务管理标准》T/CCIAT 0015—2020，从事劳务作业的建筑工人必须按规定取得（　　　）。

答案：从业证书。解析：参见《建筑劳务管理标准》T/CCIAT 0015—2020。

40. 依据《建筑劳务管理标准》T/CCIAT 0015—2020，根据劳务分包合同约定范围、相关规定及劳务作业分包企业完成工作量结算（　　　）。

答案：劳务费。解析：参见《建筑劳务管理标准》T/CCIAT 0015—2020。

41. 依据《建筑劳务管理标准》T/CCIAT 0015—2020，专业承包企业应拥有一定数量的与其建立稳定劳动关系的（　　　）。

答案：骨干技术工人。解析：参见《建筑劳务管理标准》T/CCIAT 0015—2020。

42. 施工总承包企业、专业承包企业、劳务作业分包企业必须根据施工规模和（　　　）配备相应的劳务员。

答案：劳务用工数量。解析：参见《建筑劳务管理标准》T/CCIAT 0015—2020。

43. 劳务员应按建筑企业和项目经理部的职能分工，对（　　　）承担管理责任。

答案：劳务用工。解析：参见《建筑劳务管理标准》T/CCIAT 0015—2020。

44. 建筑企业应及时对建筑工人信息进行采集、核实，建立（　　　），并按时将考勤表、工资发放表、各类台账等实名制管理资料提交上级主管机构备案。

答案：实名制管理台账。解析：参见《建筑劳务管理标准》T/CCIAT 0015—2020。

45. 劳动合同由具备用工主体资格的建筑企业、（　　　）等用工单位与建筑工人本人签订。

答案：劳务派遣企业。解析：参见《建筑劳务管理标准》T/CCIAT 0015—2020。

46. 依据《建筑劳务管理标准》T/CCIAT 0015—2020，用工单位应与具备劳动能力、（　　　）的建筑工人签订劳动合同。

答案：诚信守法。解析：参见《建筑劳务管理标准》T/CCIAT 0015—2020。

47. 依据《建筑劳务管理标准》T/CCIAT 0015—2020，建筑工人应在进场前与（　　　）签订劳动合同。

答案：用工单位。解析：参见《建筑劳务管理标准》T/CCIAT 0015—2020。

48. 劳动合同期限可根据实际情况选用固定期限、（　　　）、以完成一定工作为期限三种方式。

答案：无固定期限。解析：参见《建筑劳务管理标准》T/CCIAT 0015—2020。

49. 建筑工人进场前，建筑企业应检查劳务作业分包企业为建筑工人办理的（　　　），禁止不具备施工作业能力的建筑工人进场作业。

答案：健康体检证明。解析：参见《建筑劳务管理标准》T/CCIAT 0015—2020。

50. 用工单位应按照合同约定的（　　　）向建筑工人本人支付工资。不得以任何理由克扣或者无故拖欠建筑工人工资。

答案：形式和时间。解析：参见《建筑劳务管理标准》T/CCIAT 0015—2020。

51. 建筑企业应建立（　　　）制度，开展建筑工人法律法规和技能培训，提高建筑工人素质。

答案：建筑工人培训。解析：参见《建筑劳务管理标准》T/CCIAT 0015—2020。

52. 建筑企业应建立（　　　）制度，建筑工人上岗前必须经过培训且考核合格。

答案：培训上岗。解析：参见《建筑劳务管理标准》T/CCIAT 0015—2020。

53. 特种作业人员必须经过专门的安全作业培训，并取得（　　　）资格证书。

答案：特种作业操作。解析：参见《建筑劳务管理标准》T/CCIAT 0015—2020。

54. 劳务管理是指建筑企业在工程施工过程中对（　　　）的管理。

答案：劳务用工。解析：参见《建筑劳务管理标准》T/CCIAT 0015—2020。

55. 施工总承包企业将其所承包工程中的专业工程发包给具有（　　　）的专业承包企业完成的活动。

答案：相应资质。解析：参见《建筑劳务管理标准》T/CCIAT 0015—2020。

56. 劳务纠纷是指建筑企业与分包企业在分包作业过程中发生的（　　　）纠纷。

答案：经济。解析：参见《建筑劳务管理标准》T/CCIAT 0015—2020。

57. 建筑工人和管理人员在建筑企业管理下提供（　　　）。

答案：有偿劳动。解析：参见《建筑劳务管理标准》T/CCIAT 0015—2020。

58. 劳务作业分包企业应按照策划和劳务作业交底的要求，组织进行具体的（　　　）。

答案：劳务操作活动。解析：参见《建筑劳务管理标准》T/CCIAT 0015—2020。

59. 建筑企业劳务管理应注重防范风险。应针对劳务管理全过程识别风险源，开展风险管控，消除不和谐因素，化解（　　　）。

答案：劳务纠纷。解析：参见《建筑劳务管理标准》T/CCIAT 0015—2020。

60. 在公开招标或邀请招标时，投标人应当以（　　　）或在招标人设立的电子商务网站中提供资格预审资料。

答案：书面形式。解析：参见《建筑劳务管理标准》T/CCIAT 0015—2020。

61. 劳务作业分包企业设立建筑工人工资专用账户，实行分账管理、保证（　　　）、按照合同约定的时间足额支付。

答案：日结月清。解析：参见《建筑劳务管理标准》T/CCIAT 0015—2020。

62. 建筑企业应验证进场分包企业的营业执照、资质证书、安全生产许可证、中标通知书、分包合同等资料，并对企业资质资信进行（　　　）。

答案：动态监管。解析：参见《建筑劳务管理标准》T/CCIAT 0015—2020。

63. 劳务作业分包企业完工退场前，应完成所承担工程的验收，做好先后工序作业面的移交并办理（　　　）。

答案：书面手续。解析：参见《建筑劳务管理标准》T/CCIAT 0015—2020。

64. 劳务作业分包企业退场前必须保证建筑工人工资（　　　）。

答案：足额支付。解析：参见《建筑劳务管理标准》T/CCIAT 0015—2020。

65. 建筑企业和劳务作业分包企业应履行合同承诺，落实（　　　）。

答案：应急储备资金。解析：参见《建筑劳务管理标准》T/CCIAT 0015—2020。

66. 劳务分包合同签订后，劳务作业分包企业不得进行转包。劳务作业分包企业可采取（　　　）形式组织实施分包作业。

答案：多种责任制。解析：参见《建筑劳务管理标准》T/CCIAT 0015—2020。

67. 劳务作业分包企业应进行必要的劳动保护投入，配备合格的（　　　）。

答案：安全防护用品。解析：参见《建筑劳务管理标准》T/CCIAT 0015—2020。

68. 劳务管理绩效评价机构宜以（   ）对项目管理绩效进行打分，在合理确定各项评价指标权重的基础上，得出综合评分。

答案：百分制形式。 解析：参见《建筑劳务管理标准》T/CCIAT 0015—2020。

69. 任何单位和个人发现违法发包、转包、（   ）及（   ）等违法行为的，均可向工程所在地县级以上人民政府住房和城乡建设主管部门进行举报。

答案：违法分包；挂靠

70. 对认定有转包、（   ）、（   ）、转让出借（   ）或者以其他方式允许他人以本单位的名义承揽工程等违法行为的施工单位，可依法限制其参加工程投标活动、承揽新的工程项目，并对其企业资质是否满足资质标准条件进行核查，对达不到资质标准要求的限期整改，整改后仍达不到要求的，资质审批机关撤回其资质证书。

答案：违法分包；挂靠；资质证书

71. 资料归档必须完整、准确，能够反映（   ）；必须经过（   ），归档范围及质量应符合相关要求。

答案：劳务分包作业活动的全过程；分类整理。 解析：参见《建筑劳务管理标准》T/CCIAT 0015—2020。

72. 资料归档时间应符合下列规定：根据施工程序和工程特点，资料归档可以（   ）进行；劳务作业分包企业应当在劳务施工作业完工前或（   ），将形成的劳务资料向施工总承包单位归档。

答案：分阶段、分期；工程竣工验收前。 解析：参见《建筑劳务管理标准》T/CCIAT 0015—2020。

73.《住房和城乡建设部关于印发建筑工程施工发包与承包违法行为认定查处管理办法的通知》该办法所称转包，是指承包单位承包工程后，不履行同约定的责任和义务，将其承包的全部工程或者将其承包的全部肢解后以（   ）。

答案：分包的名义分别转给其他单位或个人施工的行为

74. 施工总承包单位、专业承包单位均指（   ）；专业分包单位是指（   ）；承包单位包括施工总承包单位、专业承包单位和专业分包单位。

答案：直接承接建设单位发包的工程的单位；承接施工总承包或专业承包企业分包专业工程的单位

75.《建筑企业资质标准》中资质分类建筑业企业资质分为施工总承包、专业承包和施工劳务三个序列。其中施工总承包序列设有 12 个类别，一般分为 4 个等级（特级、一级、二级、三级）；专业承包序列设有 36 个类别，一般分为 3 个等级（　　　）；施工劳务序列不分类别和（　　　）。本标准包括建筑业企业资质各个序列、类别和等级的资质标准。

答案：一级、二级、三级；等级

76.《建筑企业资质标准》中基本条件具有法人资格的企业申请建筑业企业资质应具备下列基本条件（一）具有满足本标准要求的资产；（二）具有满足本标准要求的注册建造师及其他注册人员、工程技术人员、施工现场管理人员和技术工人；（三）（　　　）；（四）具有必要的技术装备。

答案：具有满足本标准要求的工程业绩

77. 可承担单项合同额 300 万元以下建筑防水工程的施工，单项合同额 600 万元以下的各类防腐保温工程的施工需要（　　　）。

答案：防水防腐保温工程专业承包二级资质

78.（　　　）可承担单体建筑工程幕墙面积 8000 平方米以下建筑幕墙工程的施工。

答案：建筑幕墙工程专业承包二级资质

模拟试卷一　　　　　模拟试卷二　　　　　模拟试卷三